허기진 내 인생에

허기진 내 인생에

지은이 | 박영산
초판 발행 | 2024. 6. 12
등록번호 | 제1988-000080호
등록된 곳 | 서울특별시 용산구 서빙고로 65길 38
발행처 | 사단법인 두란노서원
영업부 | 2078-3352 FAX | 080-749-3705
출판부 | 2078-3331

책값은 뒤표지에 있습니다.
ISBN 978-89-531-4857-4 03230

독자의 의견을 기다립니다.
tpress@duranno.com www.duranno.com

두란노서원은 바울 사도가 3차 전도여행 때 에베소에서 성령 받은 제자들을 따로 세워 하나님의 말씀으로 양육하던 장소입니다. 사도행전 19장 8-20절의 정신에 따라 첫째 목회자를 돕는 사역과 평신도를 훈련시키는 사역, 둘째 세계선교(TIM)와 문서선교(단행본·잡지) 사역, 셋째 예수문화 및 경배와 찬양 사역, 그리고 가정·상담 사역 등을 감당하고 있습니다. 1980년 12월 22일에 창립된 두란노서원은 주님 오실 때까지 이 사역들을 계속할 것입니다.

허기진 내 인생에

장칼할배의
복음밥상 이야기

박영산 지음

두란노

목차

큰 감동 덕에 눈물을 흘리며 단숨에 이 책을 읽어 내려갔습니다. 아버지의 부재 속에서 흙수저로 불우한 어린 시절을 보냈던 저자의 꿈은 행복한 가정을 갖고 행복하게 사는 것이었습니다. 사랑하는 사람과 결혼하고, 직장에서 유능한 사람으로 인정도 받지만, 그의 가정은 무너지고 있었습니다. 인생의 위기에 어쩔 줄 모르던 그때 아내가 저자에게 아버지학교를 강권합니다. 불신자였던 저자는 아버지학교를 통해 육신의 아버지를 용서하고, 자기를 강하게 묶고 있던 상처와 강박의 멍에로부터 자유를 느끼면서 하나님 아버지 앞에 나아가기를 결단합니다. 그는 예수님을 만나고 변화하기 시작합니다. 아버지가 진정 행복하면 가정이 행복해지고, 일터와 사회가 행복해집니다.

주 안에서 진정한 행복을 경험한 저자는 잘 나가던 직장을 그만두고 하나님의 인도로 브랜드 '강릉장칼'을 시작합니다. 영혼의 허기를 채우는 하나님의 복음밥상을 이 땅의 허기진 자들에게 차려야겠다는 사명이 그의 마음에 새겨집니다. 저자는 그 후 사업을 확장하며 어려움을 겪지만, 말씀 묵상과 기도로 이를 극복하고 가정의 회복도 경험하며 주님께서 주신 비전을 묵묵히 따르고 있습니다. 세상 속에서 허기진 인생 때문에 힘들어 하는 분들, 교회를 다니지만 아직도 영혼의 허기 속에 살아가는 많은 분들에게 이 책을 강력히 추천합니다. 우리의 허기를 채워 주시는 주님을 만나게 될 것입니다.

김성묵 두란노아버지학교운동본부 고문

아름다운 눈물의 사람, 박영산! 그는 허기진 인생, 아픔의 근원이 무엇인지 모르고 주어진 자기 인생을 열심히, 아주 열심히 살았습니다. 그렇지만 목마름은 여전히 계속되었습니다. 바울처럼, 자신이 하나님의 전적인 은혜 안에 있음을 깨달은 그는 이제는 열정으로 오랜 허기를 성령과 말씀으로 채우며 하나님의 꿈을 꾸며 살고 있습니다. '153!' 저자의 허기진 삶에 찾아오신 하나님의 선물입니다.

저는 아버지 없는 신내림의 가정에서 성장한 박영산 대표가 일산주님의교회를 폭파해 버리겠다며 하나님께 격렬히 저항하며 거역했지만 결국 하나님 아버지를 만나 눈물의 사람으로 변한 그를 전부 기억합니다. 믿음의 기업 153패밀리의 대표로 섬김의 삶을 사는 전 과정을 담임목사로서 지켜보았습니다. 매일 새벽을 깨우며 부르짖는 그의 기도는 참 아름답습니다. 주님이 보시기에 광야의 시절도 얼마나 아름다운지요. 이 책을 통해 광야에서 부르짖는 인생을 찾아와 은혜의 밥상을 베푸신 하나님을 마주 대하게 되기를 바랍니다.

김원수 일산주님의교회 담임목사

우리는 누구나 무엇인가에 허기진 삶을 살며 허기짐을 채우기 위해, 그 비워진 헛헛함을 메꾸기 위해 헤매는 유목민의 삶을 살아갑니다. 저자 또한 갈급한 목마름과 허기짐으로 수없이 많은 생채기를 끌어안은 채 세상을 원망하고 하나님께 끝없이 반항하던 이였습니다. 그러나 하나님은 상처 입어 독기 어린 그에게 다가와 삶을 온통 휘저으시며 바꿔 가기 시작하십니다. 이제 그는 캄캄한 흑암을 뚫고 솟아오르는 태양처럼 믿음의 사람으로 서고 섬김의 삶을 사는 기업의 대표가 되었습니다. 이것이 바로 하나님의 방법이요, 그분의 일하심입니다. 이제 그가 고백하는 하나님을 만나 볼 시간이 되었습니다. 가슴 따뜻한 저자의 성장과 성숙의 시간을 뜨거운 공감과 함께 여러분과 나눌 수 있으면 좋겠습니다.

김진동 포항양포교회 담임목사

세상에 공짜 밥은 없다고들 하지요. 하지만 공짜 밥은 하늘 아래 어디에나 있습니다. 허기진 우리 고달픈 인생에 "나는 하늘에서 내려온 생명의 양식이다!"라고 말하신 주님이 찾아오십니다. 특히 하나님은 심령이 가난한 사람에게 복음 밥상을 언제나 어디서나 무상으로 퍼주십니다. 큰 은혜이지요. 박영산 대표의 허기진 삶에도 구세주 예수님이 찾아오셨고, 그의 인생을 무한한 은혜와 넘치는 사랑으로 가득 채우셨습니다. 사랑의 나눔이 있는 곳에 하나님이 함께하시기에 허기진 배를 사랑으로 채우는 일은 지상 최후의 날까지 이어질 것입니다.

이 책은 단순히 세상적인 성공과 금전의 채워짐을 자랑하는 이야기가 아닙니다. 청량리가 저의 '사명 실현지'였던 것처럼 박영산 대표도 자신의 일터를 하나님이 이끄신 섭리요 사명 실현지로 여기며 몸으로 복음을 전했습니다. 일터지만 사명지인 삶의 자리에서 날마다 말씀과 기도를 우선하며 코람데오로 살았습니다. 고난과 시련을 겪을 땐 큐티지 〈생명의 삶〉만 붙들고 무릎으로 주님께 나아갔습니다.

여러분에게도 각자의 사명지가 존재할 테지요. 날마다 영육의 양식을 공급하시는 하나님의 구체적인 사랑이 그곳에 함께하기를, 특별히 허기진 인생들에게 전달되기를 빕니다. 이 책이 많은 이에게 배달되어 밥맛과 살맛이 없는 분도 밥맛이 나고 살맛이 나는, 아름다운 세상 만들기의 도구가 되기를 바랍니다!

최일도 밥퍼나눔운동 대표, 다일복지재단 이사장

박영산 집사님을 만난 곳은 일산주님의교회 간증 집회였습니다. 세상을 향한 불만으로 가득해 보이는 그는 살짝 건드리기만 해도 폭발할 것 같았습니다. 마치 심사위원처럼 '나를 한번 감동시켜 보라'는 듯 앉아 있었습니다. 첫 만남의 강렬함 때문인지, 살아온 사연이 닮아서인지 우리는 곧 둘도 없는 벗이 되어 속 깊은 기도 제목을 나누는 절친이 되었지요.

추천서를 써 달라는 부탁과 함께 들고 온 원고를 읽으며 몇 번이나 눈물을 닦고 생각에 잠겼습니다. 꽤 긴 시간에 걸쳐 읽었습니다. 엄마, 아빠를 둔 평범한 가정을 부러워한 어린 영산, 사회인으로 치열하게 사는 회사원 박영산, 두 자녀와 사연 많은 어머니를 모시고 사는 가장 박영산, 앞치마를 두르고 강릉장칼과 153패밀리를 시작한 기업인 박영산, 그리고 주님의 말씀대로 살려고 몸부림치는 신앙인 박영산 집사까지 하나님이 삶 곳곳마다 그의 어깨를 감싸안고 계시는 모습이 환상처럼 글 속에 보였습니다. 하나님의 집에 돌아온 탕자의 그 후 삶이 궁금한 분들에게 감히 이 책을 추천하고 싶습니다.

하귀선 사모다움선교회 대표

세상에서 가장 따뜻했던 한 끼

어린 시절 늘 허기가 졌다. 남의 집 파출부를 하시느라 정작 자식의 끼니를 제때 챙겨 주지 못하셨던 어머니는 새벽녘 일하러 나가실 때 엿가락 두 개를 내 머리맡에 두고 가셨다. 혹시나 깰까 최대한 살그머니 나가셨어도 단칸방이나 다름없는 방문의 기척은 숨길 수 없었다. 특히나 추운 겨울날이면, 강원도의 칼바람이 쉬익쉬익 소리를 내며 문틈으로 어찌나 세차게 들어오는지 저절로 눈이 떠졌다. 그러면 일 나가시는 어머니의 뒷모습이 눈에 들어왔다. 아침인데도 피곤에 지친 어머니의 뒷모습, 그 모습이 사진처럼 기억에 새겨져 있다.

아무도 없는 집에 덩그러니 홀로 남아 아침을 맞이하는 일은 죽기보다 싫었다. 그럼에도 일찌감치 철이 들었던지 서러움을 꿀꺽 삼키고 일어나 식은 밥에 김치를 얹어 아침 식사를 하곤 했다. 그렇게 한 끼를 해결하면 하루 종일 그냥 지냈다.

썰렁한 집에 들어가기 싫어 동네를 쏘다니며 아이들과 어울려 놀았는데 어머니가 두고 가신 엿가락은 최후의 보루였다. 배고플 때 엿가락을 빨고 있으면 달콤함이 배고픔을 달래 주었고, 여차하면 친구들의 간식과 바꿔 먹을 수도 있었다. 그 소중한 엿가락을 목숨처럼 들고 흙바닥을 뛰어다니며 숯 검댕이가 되도록 놀다 보면 참을 수 없는 배고픔이 밀려오곤 했다. 엿가락으로도, 엿가락과 바꾼 과자 한 봉지로도 해결이 안 되는 허기는 엄마에 대한 그리움, 보살핌에 대한 그리움이었는지도 모르겠다.

그러던 어느 날이었다. 그날은 다른 날보다 더 배가 고팠다. 온종일 뛰어놀던 친구들은 밥 먹으라고 부르는 엄마 목소리에 하나둘 집으로 돌아갔고 나만 혼자 덩그러니 남았다. 신나게 뛰어놀 땐 미처 느끼지 못했던 외로움과 함께 허기가 밀려왔다. 왜 나는 엄마가 차려 주는 따뜻한 밥상을 받아 보지 못하는 것일까 서글펐다.

바로 그때 한 사람이 내 앞에 나타났다. 얼굴에 미소를 가득 머금은 채 내 눈을 바라보며 이렇게 물었다.

"너, 밥은 먹었니?"

"아니요."

"그래? 그러면 교회로 가자. 가서 밥 먹자."

워낙 동네가 좁았고 그 좁은 동네에서 하루 종일 놀았던 터라 교회가 있다는 것은 알고 있었지만 교회는 나와 상관없는 곳이었다.

무속신앙과 친밀했던 환경에서 컸기에 교회는 정신 나간 사람들이나 다니는 곳, 금기시되는 곳이었건만 그날은 이상했다. 밥 먹으러 가자는 말에 혹했는지, 누군가 관심을 주었단 사실에 혹한 건지 아무런 반항도 없이 교회로 따라 들어간 것이다.

쭈뼛쭈뼛 안으로 들어서는데 밥 짓는 구수한 냄새가 코를 찔렀다. 동시에 하얀 김이 펄펄 피어오르는 쌀밥과 수북이 쌓인 잡채가 눈에 들어왔다. 어릴 때나 지금이나 잡채는 잔치 음식인데 눈앞에 있으니 침이 꿀꺽 넘어갔다. 휘둥그레진 눈으로 쳐다보고 있는데, 교회 선생님이라는 분이 내게 접시 하나를 주시더니 하얀 쌀밥을 한가득 담고, 그 옆에 잡채를 산더미처럼 쌓아 주셨다.

"맛있게 먹어라. 먹고 더 먹어도 되니 양껏 먹어."

하얀 김이 모락모락 나는 고슬고슬한 흰 쌀밥에 참기름 냄새가 진동하는 잡채를 섞어 허겁지겁 퍼먹는데 어찌나 맛이 좋던지…. 마음 깊은 곳에서부터 뭔지 모를 감정이 올라왔다.

'뭘까, 이 기분은?'

그날 내 배를 채운 건 아무 조건도, 한계도 없이 나를 위해 베푸는 따뜻한 보살핌, 온종일 바깥에서 지치고 피곤했고 사랑이 그리웠던 어린 나를 위로해 주는 어머니와 같은 사랑이었다.

그로부터 30여 년, 세상에서 숱한 밥상을 받았다. 그런데 배를 채워 주지 못했다. 뭔가 늘 부족했고 허기졌으며 아쉬웠다. 그렇게 먼 길을 돌고 돌아 주님 앞에 손을 들고 나오게 되면서 비로소 어린 시절 그 밥상을 떠올리게 되었다. 이제는 알 수 있다. 주님은 이미 오래전부터 당신의 자녀로 선택한 나에게 상을 베풀고 계셨다는 것을. 그 상이야말로 가장 따뜻하고 아무 조건 없는, 영원히 배부른 상이었다는 것을.

지금 나는 금융맨이란 직업을 내려놓고 장칼할배로 살아가고 있다. 배고픈 이를 위해 따끈한 장칼국수를 끓여 대접하는 일이 쉬운 일은 아니지만 행복하다. 누군가를 위해 따뜻한 밥상을 차려 건네며 주님의 마음을 전할 수 있기 때문이다. 이 책 역시 주님이 차려 주신 밥상에 대한 작은 반응이 되길 바라며 오늘도 밥상을 차린다.

1. Empty

빈 배와 같던
삶

🏵 축복받지 못한 아이

주공아파트 공사 현장 옆 판잣집, 현장에 대충 지은 집이라 허술하기 짝이 없었다. 강원도 칼바람이 어찌나 세차게 부는지 바람이 불 때마다 판자가 덜컹거렸고 포대기 밑으로 쑥 나온 발이 엄청 시렸다. 누나 등에 업혀 있던 나는 발이 시리다고 말하고 싶었지만 그러질 못했다. 눈앞에서 펼쳐지는 모든 상황이 심상치 않아서다.

와당탕 쿵 쨍그랑….

한 아주머니가 부엌에 있는 살림살이를 보이는 대로 던졌다. 물건들이 부서지고 튕겨져 나갔다. 머리를 산발한 채 소리를 질러 댔다.

"어디 할 짓이 없어 그딴 짓을 해? 너 죽고 나 죽자."

아주머니의 손아귀에서 이리저리 끌려다니는 사람은 엄마였다. 바닥에 내팽개친 채로 머리채를 붙잡힌 엄마는 한마디도 하지 못한 채 당하고만 있었다. 눈앞에서 벌어진 공포스러운 상황에 누나가 울부짖으며 말렸다.

"우리 엄마한테 왜 그래요?"

누나가 말렸지만 속수무책이었다. 오히려 돌아오는 건 손찌검뿐. 특히 등에 업힌 나에게 화낭년 자식이라며 쏘아보던 그 무서운 눈빛을 잊을 수가 없다.

내 생애 첫 기억이 그날의 난타전이다. 그때부터 앞으로가 평탄하지 않겠구나 생각했던 것 같다. 세상의 전부였던 엄마에게 굴레처럼 씌워진 말도 그랬지만 다른 집과는 달리 내게는 아버지라는 존재가 없었기 때문이다.

나는 아버지를 거의 기억하지 못한다. 눈이 펑펑 내리던 날 어색한 표정으로 찍은 두어 장의 사진으로 미루어 볼 때 한두 번 만났던 것 같은데 기억이 나지 않는다. 동네 친구들이 아버지 손을 잡고 나들이를 갈 때 난 혼자 노는 데 익숙했고 다른 애들이 아버지에게 혼이 날 때도 난 아버지에게 혼이 나는 게 무엇인지 상상조차 하지 못했다.

그때는 왜 아버지가 없는지 묻지도 않았다. 아니, 그보다는 왠지 엄마가 당한 험한 일과 연관이 있을 것 같다는 두려움에 묻지 못했던 것 같다.

나에겐 누나가 셋 있다. 나이 차이가 많이 나던 옥희, 옥녀 누나는 내가 아주 어릴 때 공장으로 일하러 떠났기에 함께 지낸 기억이 많지 않지만 옥분이 누나와는 꽤 같이 지냈다. 일하러 나가는 엄마 대신 누나가 나를 업어 키웠다고 해도 무방할 정도로 막내 누나와는 친밀했다. 학교 들어가기 전의 일이었을 것이다. 무슨 일인지 기억은 안 나는데, 누나가 누군가에게 자기 이름을 이렇게 말했다.

"김옥분이요."

순간 잘못 들었나 생각도 들었지만 분명히 누나의 성이 '김 씨'라
는 것이다. 그동안 누나들도 당연히 나와 같은 박 씨라고 생각했는
데 왜 김 씨인지 몹시 궁금했다.

"누나, 나는 박 씨인데 왜 누난 김 씨야?"

당황한 누나는 엄마한테 물어보라며 서둘러 자리를 떴다. 왜 나는
다른 친구들처럼 아빠가 없을까, 우리 엄마는 왜 그 무서운 아주머
니한테 두들겨 맞아야 했을까, 왜 누나들은 나와 성이 다를까, 도대
체 나는 누구일까. 아무리 생각해도 어린 나에게 풀리지 않는 의문
이었다.

의문은 계속 이어졌다. 초등학교에 들어가면서 명절에 어머니는
나를 주문진으로 가는 버스에 태워 할머니 댁으로 보냈다. 한 손엔
정종 한 병을, 또 한 손엔 닭 한 마리를 들고 버스에 올라 한참을 가
서 주문진 등대 앞 정류장에 내렸는데, 그곳엔 할머니가 나와 있었
다. 할머니를 따라 집에 가니 그곳에서는 차례를 지내며 내게 절을
시켰는데, 누군지도 모르는 사람 사진 앞에서 시키는 대로 절을 하
고 차려 주신 밥을 먹고 돌아오는 게 일이었다. 한 살 한 살 나이를
먹으면서 그곳이 어디인지 어렴풋이 알 수 있었다. 어머니의 시댁,
그러니까 바다에서 목숨을 잃은 남편의 본가에 나를 보내셨던 것
이다.

그쪽 집안과 큰 관계가 있는 것도 아닌데 왜 나를 보내셨을까. 되
게 복잡하게 얽힌 사연 같다는 생각이 들었지만, 누구에게 속 시원

18

히 물을 수 없었다. 겁이 났던 것 같다. 세상의 전부였던 엄마는 늘 고단하고 힘겨워 보였다. 그런 엄마에게 내가 누군지, 왜 나는 다른지 묻는다면 엄마를 더 아프게 할 것 같았다. 그래서 그냥 체념하기를 선택했다. 평범하지 않은 가정사를 받아들이고 사는 게 최선이라는 것을 스스로 체득했던 것 같다.

그래서였을까. 어린 시절부터 혼자 의문을 품고, 혼자 생각하고, 혼자 체념하고, 혼자 살아갈 방법을 찾았다. 일찍 세상을 알아 버린 것이다.

☾ 신내린 가정

어머니가 주문진에 자리 잡게 된 것은 결혼을 하면서였다. 장녀로 태어나 변변한 교육 한번 받지 못하신 채 결혼하셨다.

그때 어머니를 괴롭힌 일이 있다. 신을 받느냐 아니냐 하는 문제였다. 결혼하면서부터 몸이 아프면서 그 신기라는 것이 찾아왔다고 한다. 이유 없이 아픈 날이 계속되면서 백방으로 알아봤지만 원인을 찾지 못하셨다. 그러던 중 이유 없이 아픈 건 특별한 문제가 있는 거라며 무당한테 가 보라는 누군가의 말에 점집을 찾아갔다. 예상대로 무당은 신기가 너무 세서 점괘가 안 나온다며 신내림을 받아야 살수 있다고 했단다.

어머닌 고민했다. 신내림을 거부하면 자식에게 화가 미친다는 말

때문이었다. 그럼에도 무당 자식이라는 오명을 자식에게 입히지 않겠다는 의지로 버텼다. 온몸으로 신내림을 거부하며 결혼 생활을 이어가던 중 불행이 다가왔다. 고기를 잡으러 간 남편을 바다에서 잃었다. 하루아침에 남편을 잃고 과부가 된 어머니는 절규했다. 주변에선 신내림을 받지 않아 저주를 받았다고 쑥덕거렸지만 어머니는 악착같이 신내림을 거부했다. 안타깝게도 그 신기가 대를 이어 간 건지 훗날 막내 누나가 신내림을 받았지만, 어머니는 그것을 거부하며 가정을 지켜 냈다.

삶은 더 힘들어졌다. 배움도 없고 남편도 잃은 채 딸 셋을 키우는 이에게 세상은 모질었다. 세찬 풍파를 이겨 볼까 남자를 만났지만 오히려 더 큰 어려움이 닥쳤다. 알고 보니 가정이 있는 사람이었고 아들을 볼 요량으로 어머니와 만나 나를 낳았지만 그게 분란의 씨앗이 되었다. 우리집으로 찾아와 온갖 살림을 때려 부수며 어머니의 머리채를 잡던 사람이 본처였고 나는 어느 쪽에서든 환영받지 못한 존재가 되었다.

어머닌 또다시 혼자가 되어 가정을 끌어가셨다. 슬하의 세 딸과 어린 나를 위해 억척같이 일하셨다. 할 수 있는 일은 거의 막노동 정도였다. 쓰러져 가는 판잣집, 그것도 반쪽만 얻어 지내면서 새벽부터 밤늦게까지 일하셨다. 파출부부터 리어카를 끌고 다니며 고물을 팔기도 하고 행상까지 온갖 궂은일은 다 하셨던 것 같다.

오죽했으면 일 나가신 엄마를 기다리며 온종일 쫄쫄 굶다가 너무 배가 고파 김치를 퍼먹다 토사곽란에 시달린 때도 있었다. 김치로

배를 채우다 속병이 난 어린 아들을 바라보며 밤새 눈가를 훔치던 어머니였지만 다음날 새벽 어김없이 일을 나가셨다. 한창 엄마 품이 그리웠던 나는 같이 있어 달라는 말을 차마 못했다. 누구 한 사람 우리를 도울 이가 없다는 것을 서로가 암묵적으로 알았기 때문이다.

어머닌 신내림을 거부했지만 대부분 무속에 의존했다. 신내림만 받지 않았을 뿐 일이 있을 때마다 무당을 찾아다니며 물었다. 운세를 묻고 삼재가 끼어 안 좋다는 얘기를 들으면 액땜을 위해 부적 쓰기에 바빴다. 자려고 누운 베개에서 뭔가 서걱거리는 게 느껴져 살펴보면 부적이 손에 잡혔고, 신발 밑창에서 부적이 나오기도 했다. 어느 절에 신을 모셔 놓고 일 년에 몇 번씩 산으로 기도드리러 가는 일도 있었다.

점점 머리가 크면서 그런 어머니가 안쓰럽기도 하고 부담스럽게 느껴진 것도 사실이다. 무속신앙이라는 것이 비현실적이고 지나치게 기복적인데다 내가 처한 현실과 너무 동떨어져 있다는 생각이 들었다. 특히 금기하는 행동이 너무 많았던 게 싫었다.

어떤 때는 '과연 엄마는 저 말을 믿는 걸까?' 황당하면서도 한편으론 '저렇게라도 믿어야 마음이 편하시지' 이해하며 받아들였다.

다른 종교도 마찬가지였다. 내가 살던 동네에도 교회가 있었다. 어린 시절 그곳에 가서 따뜻한 밥을 대접받기도 하고 친구 따라 몇 번 가 보기도 했다. 유년 시절 가족이 어딜 놀러 가거나 나들이를 한 기억이 거의 없어 동네 골목이 유일한 놀이터였던 나에게 교회는 새로운 장소이긴 했다. 친절한 분들이 맞아 주고 맛있는 간식도 주며 노래와 율동 등 재미를 선물하는 곳이었지만 왠지 나와는 다른 사람들이 다니는 곳이라는 느낌을 받았다. 하나같이 말끔하게 차려입은 모습에 특히 부모님 손을 잡고 평온한 표정을 지으며 들어오는 또래 아이들의 모습을 보면 왠지 주눅이 들었다. 이러한 느낌이 거부감으로 자리 잡은 것 같다.

어머니 생각은 더했다. 누구한테 들었는지 교회는 부자들이나 다니는 곳이라서 헌금을 많이 내야 한다며 부자 아니면 교회 못 다닌단 말씀을 하시곤 했다. 그럴수록 더욱 무속신앙에 열심히 빠져 계셨다.

이렇듯 신내림이 이어져 온 가계의 분위기 속에서 처음엔 나도 무속신앙에 끌려다니는 아이였고, 성장해 가면서는 가족이 굳게 믿던 무속신앙이나, 특권층에 열려 있는 것 같이 보이던 기독교 모두 나의 현실과 동떨어져 있다는 생각에 종교에 냉담한 사람이 되어 갔다. 뭔가에 의존하는 신앙보다는 부단히 노력해서 현실을 이겨 내야 한다는, 노력과 열심을 믿는 사람으로 굳어져 갔다.

☙ 장례식장에서 만난 아버지

"엄마, 우리 어디가?"

"…"

일 가셨던 어머니가 들어오시더니 서둘러 나를 채비시켰다. 추운 날인데 오버코트가 아닌 코르덴 사파리 재킷을 입히는데 분위기가 무거웠다. 얼마만의 외출인지 몰라 기대하는 마음으로 따라갔는데, 도착한 곳은 병원 장례식장이었다. 장례식이란 말에 살짝 긴장이 되었다. 그동안 몇 차례 봐 온 장례식은 소란스럽고 가족끼리 싸움이 나는 등 좋은 기억이 없었기 때문이다.

"절 올려라."

데리고 간 방엔 웬 아저씨 사진이 놓여 있었고 사람들이 절을 올리고 있었다. 간간히 우는 소리도 들려왔다. 느낌이 이상했다.

'어? 저 사진은?'

그제야 사진 속 주인공이 눈에 들어왔다. 기억이 거의 없는, 사진으로만 본 아버지였다. 아버지와 처음 만나는 자리가 장례식장이라니. 그간 아버지가 없다 생각하고 살았지만, 막상 돌아가셨단 사실 앞에 뭔가 혼란스러웠다. 죽음 앞에서 느끼는 슬픔이나 연민은 아니었다.

나는 아버지라는 사람이 딴살림을 차려서 낳은 혼외자 가족으로 그곳에 있었다. 우리 집 살림을 부수며 어머니에게 폭력을 가했던 분은 큰어머니요, 장례식장에서 처음 만난 또래 친구는 나의 형이란다. 또다시 혼란스러웠다. 이번에도 어머니는 설명해 주지 않으셨다.

큰어머니와 결혼했던 아버지는 후사를 보지 못했고, 아들을 볼 요량으로 어머니를 만나 두 집 살림을 하게 되었다. 비슷한 시기에 큰엄마와 어머니가 임신을 하게 되며 두 집 모두 불행이 시작되었고 복잡한 관계로 얽히게 된 것이다. 모든 일의 원인 제공자인 아버지는 자신의 역할을 제대로 하지 못하고 일생 술만 드시다가 위가 많이 상해 돌아가셨다.

장례식을 마치고 돌아오며 내내 궁금했다. 어머니는 왜 나를 장례식장에 데려가셨을까, 큰어머니와 형에게는 왜 인사를 시켰을까. 아마도 어머닌 생전에 아버지 한번 제대로 만나지 못한 불쌍한 아들에게 마지막 모습이라도 보여 주고 싶었나 보다. 축복 속에 자라지 못한 나를 드러내고 싶으셨던 것도 같다. 물론 시간이 한참 지나서야 그 마음을 짐작할 수 있었지만 당시로선 그저 혼란스럽기만 했다.

아버지의 죽음이 현실적으로 다가온 건 중학교에 입학해서다. 학기 초 가정환경조사서를 적어 내는데 부모에 대해 '아버지 없음'으로 표시하면서 아버지 없는 아이라는 사실이 피부로 느껴졌다. 왠지 모르게 주눅이 들고 열등감이 밀려왔다.

아버지의 부재는 점점 원망이 되어 속으로 자리 잡아갔다. 친구가 강릉 시내에서 팬시용품 대리점을 하는 아버지를 자랑하면 나는 다른 세상에 살고 있다는 괴리감이 느껴졌다. 좋은 브랜드 옷을 입고 부모님의 양육을 받는 친구들과는 접점이 너무 없었다.

그렇다고 어긋난 길로 갈 수도 없었다. 남다른 상황에 반항심이 없는 것도 아니지만 고생하는 어머니에 대한 안타까운 마음이 컸다. 나에게 유일하게 남아 있는 혈육인 엄마의 마음을 아프게 하면 안 된다는 굳은 결심을 했기에 겉으로는 반항을 드러내지 않았다.

다만 오순도순 모여 밥상에 둘러앉아 이야기를 나누고 사소한 것까지 함께하며 따뜻한 온정을 나누는 다른 가정의 모습을 볼 때면 부러움이 극에 달해 아무도 없는 방에 들어와 이불을 뒤집어쓰고 엉엉 울곤 했다. 혹시라도 일 마치고 돌아온 어머니에게 소리가 들릴까 신경이 쓰였고 눈치를 보면서 우는 내 자신이 서러워 눈물을 쏟았다.

"왜? 왜 나만! 왜?"

오랜 시간이 흘렀지만, 차가운 방구석에서 이불을 뒤집어쓰고 울고 있는 그 아이가 가여워 눈물이 난다. 참 외로웠겠다 싶다. 혼자서 눈이 붓도록 울고 알아서 눈물을 닦고 일상을 살아야 했을 쓸쓸한 아이가 참 안타깝다.

 일찍 철든 소년의 꿈

"박영산, 교무실로 와라."

중학교 1학년 담임선생님이셨던 이옥선 선생님이 나를 호출하셨다. 나름 공부도 좀 하려고 하고 버르장머리 있는 아이로 비춰지고 싶은 마음에 바른 생활을 한다고 했는데 무슨 잘못을 했나 싶은 마음에 긴장이 되었다. 교무실로 들어서니 선생님 손엔 가정환경조사서가 들려 있었다.

순간 아차 싶었다. 아버지 안 계신 가정에 어머니까지 무학력자인 것이 창피해 '국졸'로 써 놓았는데 그게 탈이 났나 싶었다.

"영산아, 널 부른 건 선생님이 꿈에 대해 물어보고 싶어서야."

적어도 거짓말이 들통난 게 아니니 안심이었다.

'실업계 고등학교 가서 일찍 직장을 잡아 돈 벌고 착한 아내 얻어 아들 딸 낳고 엄마 모시고 행복한 가정 만들기.'

선생님은 내가 적어 낸 지나치게 현실적인 꿈을 보고 호출하셨고 그날 나의 환경에 대해 이것저것 물어보시며 조언을 해 주셨다.

"영산아, 선생님이 네 꿈을 가지고 뭐라고 하는 게 아니야. 얼른 사회 나가서 직장 잡고 엄마 모시고 가정 꾸리고 사는 것은 좋은데 꿈은 네가 잘하고 싶은 것, 좋아하는 것, 이루고 싶은 일이잖아. 되고 싶은 사람도 포함해서. 그러니 앞으로는 그런 꿈을 한번 찾아보자."

지금껏 이렇게 따뜻한 말을 해 준 어른은 없었던 것 같다. 선생님은 아직은 어린 내가 너무 일찍 철이 들어 버려 안타까우셨던 것 같다. 실제로 그랬다. 나이가 들어도 여전히 어린아이와 같은 생각에서 벗어나지 못하는 이들을 '성인아이'라고 한다는데, 나는 너무 일찍 철들어 버린 '애어른'이었다.

중학생이 되면서 현실을 극복할 수 있는 건 내가 얼른 커서 돈을 벌어 가정을 이루는 것이라고 생각했다. 그즈음 막내 누나마저 일찍 결혼하여 어머니와 내가 둘이서 살던 곳은 강릉 화부산 산자락 밑에 있는 향교의 관리실이었다. 여전히 가난했던 어머니는 향교 관리인이 살던 방 한 칸에 세를 얻었다. 가로세로 2미터 6미터 정도 되었을까, 그 방을 그마저 장롱을 세워 반으로 공간을 가르고 지냈다. 누가 봐도 어려운 처지, 흙수저가 바로 나였기에 다른 친구들처럼 판검사

의사 전문가 등의 꿈은 남의 나라 얘기였다.

현실적인 꿈은 얼른 사회로 나가서 돈을 벌 길을 찾는 것이었다. 선생님의 따뜻한 조언은 좋았지만 여전히 나는 방치된 소년이었다.

그러던 중 포항에 살고 있던 누나 집에 가게 되었다. 당시 매형은 일자리를 좇아 전국을 다녔는데 마침 포항 쪽에서 포철 협력업체 일을 하는 중이었다. 매형은 포항공고 진학을 권유했다. 우리 형편을 누구보다 잘 알고 있었기에 포항공고에 진학하면 학비가 무료에 졸업하면 포철과 같은 회사에 취직할 수도 있다는 것이다.

그 정보는 희망이었다. 고생하는 어머니에게 학비 부담도 덜어 드리고 취업도 할 수 있으니 그것만큼 좋은 방법은 없겠다 싶었다. 마음속으로 진학에 대해 결정을 내리고 나니 더 이상 공부할 의욕도 생각도 없었다. 꽤나 공부를 하는 축에 속했던 나의 성적은 점점 떨어졌다.

그렇게 중학교 3학년이 되어 입시 상담을 하는데 공고 이야기를 들은 담임선생님이 어머니를 모셔 오라고 하셨다. 선생님은 어머니를 설득하셨다. 공부를 곧잘 하는 아이이니 인문계 고등학교를 보내 대학에 진학시키라고 권유했지만, 어머니는 가정 형편이 어려워 힘들다고 거절하셨다.

뒤이어 선생님이 제안하신 건 상업고등학교였다. 기름때 묻은 작업복 입고 현장에서 일하는 것보다 상고를 나와서 은행이나 금융권에서 와이셔츠를 입고 일하는 게 낫지 않겠느냐며 설득하셨고 상담 후 어머니는 나에게 상고 진학을 권유했다. 실제 담임선생님의 제자

중 상고 출신으로 좋은 곳에 취업한 사례가 많다는 얘기에서 희망을 얻으셨던 것 같다.

신기한 일도 벌어졌다. 어느 날 일을 마치고 돌아오신 어머니가 영어 공부 이야기를 꺼냈다.

"너도 영어 공부를 좀 해야 하지 않겠냐."

"영어 공부? 갑자기 왜요?"

"내 누구한테 물어보니 고등학교 가려면 영어를 잘해야 한다더라. 집으로 와서 가르쳐 주는 영어 있다는데 너도 그거 한번 배워 봐."

처음으로 받아 본 제안이었다. 학원 과외 같은 것은 나와는 상관 없는 세계였는데 영어 공부라니 놀라웠다.

"엄마, 그거 비쌀 텐데….."

"내가 못 배운 게 한이 되는 사람인데 빚을 내서라도 가르쳐야지."

평소에 글을 읽지 못해 답답해하는 어머니 모습과 겹쳐지면서 학구열이 솟았다. 실제 수개월간 방문 영어 학습을 받으며 열심히 공부했다. 비싼 기회를 그냥 날리면 안 된다는 생각에 선생님 말씀의 토씨 하나라도 놓치지 않으려고 노력했고 덕분에 상고 시험 준비를 할 수 있었다.

목표로 정한 곳은 강릉상고였다. 강릉에서 가장 알아주는 상업고등학교였기에 시험 준비를 하면서 입학 서류를 준비했다. 주민등록등본을 떼 보고 깜짝 놀랐다. 등본에 표기된 생년월일이 1974년이었다.

"엄마, 오늘 등본을 뗐는데 1974년생으로 되어 있네요. 저 원래

1973년생이잖아요."

알고 보니 여기에도 비밀이 있었다. 어머니보다 먼저 임신하신 큰어머니께서 나의 출생을 고깝게 여기신 탓에 자신의 아들만 출생신고를 해 버렸고 나중에야 사실을 알게 된 어머니가 여기저기 물어물어 출생신고를 하셨다고 한다. 글을 모르니 신고가 되었는지 안 되었는지도 몰랐고, 신고할 때도 무척 애를 먹었다는 말과 함께.

새로운 사실(?)이 담긴 강릉상고 입학원서는 접수되었고 강릉상고에 당당히 합격할 수 있었다.

놀라운 일은 입학식 날에 일어났다. 합격 소식에 뛸 듯이 기뻐하시는 어머니의 응원을 받으며 강릉상고로 등교하는 첫날, 교문 앞에서 걸음을 멈추었다. 교문 위에 붙여 놓은 플래카드, 거기엔 이렇게 적혀 있었다.

'전교 수석 입학 박영산! 축하합니다.'

흙수저 금융인

고등학교 시절의 나는 이중 생활자였다. 고등학교 수석 입학으로 본의 아니게 전교에서 알려진 학생이 되었고 3년 내내 반장을 맡으며 모범생으로 살았지만, 놀기도 잘했다. 학교에서 주는 3년 전액 장학금 덕에 집에도 면이 섰고 그간 열등의식으로 뭉쳐 있던 삶에 희망이 비치면서 내 태도가 적극적으로 바뀐 덕분이다.

성적이나 친구 관계나 학교생활이나 어느 것 하나 빠지는 게 없으니 자신감도 커진 데다 그 무렵 지금의 아내를 만나 열애 중이었기에 나름 앞날에 대한 생각도 하게 되었다. 중학교 시절부터 꿔 온 꿈에 한 발짝 다가간 기분이랄까, 여전히 가난했지만 뭔가 변화가 꿈틀대는 시간이었다.

3학년이 되면 상업고등학교는 취업 준비로 매우 바쁘다. 강릉상고는 강릉을 대표하는 상업학교였기에 매해 괜찮은 취업률을 보이고 있었는데, 한창 발전일로에 있던 90년대 한국경제와 맞물려 금융권 취업이 크게 어렵지 않았다. 지역 금융권 진출은 더욱 그랬다.

당시 나를 비롯한 친구들 대부분은 졸업해서 강원은행에 취업하는 게 가장 잘 풀리는 길이라고 생각했다. 우물 안 개구리 격이랄까, 모두 강원도를 벗어날 생각을 하지 못할 만큼 생각이 좁았다.

하루는 취업 담당 선생님이 방송으로 나를 비롯한 일곱 명의 이름을 부르시며 교무실로 호출을 하셨다. 선생님이 건넨 입사지원서에는 '신한은행'이라고 적혀 있었다.

당시 신한은행은 지금처럼 큰 금융권은 아니었지만 신생 금융으로서 막 약진하던 은행이었다. 지방에 있는 은행만 겨우 알고 있던 나는 서울에 있는 은행에 원서를 내라는 말에 놀라기도 했고 제일 먼저 들어온 기업에 추천해 주신 선생님께 감사했다.

시험은 당장 한 달 뒤였다. 내신은 상위권이었지만 느슨한 마음으로 공부한 탓인지 취업 모의고사 성적은 잘 나오지 않았다. 또 하나 걱정스러운 건 지원서였다. 뭐가 그렇게 쓸 게 많은지 한 번도 생각하지 않았던 항목들이 보였다. 종교부터 가훈까지 뭐 하나 녹록한 부분이 없었다.

처음엔 종교란에 '무교'라 적어 놓고 가훈에는 '착하게 살자'를 써 놓았는데, 영 아닌 듯했다. 태어나 한 번도 가훈이라는 걸 생각해 본 적 없는 나의 상황이 부끄러웠다. 뭔가 특별한 것이 필요하다고 생각할 즈음 갑자기 떠오른 문장이 있었다.

'네 시작은 미약하나 끝은 창대하리라.'

이 말씀이 번쩍 떠올랐다. 지나가다 읽은 글귀 같은데 불현듯 떠오른 말 치고는 상당히 긍정적인 의미인 듯하여 가훈란에 '네 시작은 미약하나 끝은 창대하리라'를 적어 선생님께 제출했다.

다음날 담당 선생님이 교무실로 온 나를 향해 대뜸 당구 채를 날리셨다.

"야, 종교가 무곤데 가훈이 성경말씀이냐? 제대로 다시 써 와!"

그제야 그 글귀가 성경말씀인 줄 알고 얼굴이 시뻘개져서 돌아왔다. 서류를 두고 고민에 빠졌다. 그 멋진 가훈을 살리려면 종교를 기독교로 바꿔야 하고 무교인 채로 두려면 좀 더 그럴싸한 가훈을 찾아야 했기 때문이다. 하지만 시작은 미약하지만 끝은 창대하리라는 약속의 글을 버리고 싶진 않았다. 고민 끝에 내린 결론은 '종교 바꿔치기'였다. 그렇게 취업지원서엔 종교가 기독교로 적히게 되었다.

태어나 처음으로 호적등본을 떼면서 나의 호적 상황에 대해서도 알게 되었다.

'부에 편입할 수 없기에 일가 창립 편재함.'

평범하지 않은 출생이 적혀 있는 서류를 어느 회사에서 좋게 봐줄지 어머니의 걱정이 더했다. 지금까지 한 번도 출생을 언급하며 이렇다 할 말씀이 없었던 어머니셨건만 그때만큼은 당신이 아들의 앞길을 막는 건 아닌지 미안해하시며 걱정하셨다. 사실 나도 이 취업에 대해 반 포기 상태였다.

그래도 시험은 보자는 마음으로 서울로 향했다. 며칠이 지나 1차 합격자 발표날이 되었다. 기대하지 않았지만 다행히 합격 소식을 들었다. 이제 주력할 것은 면접이었다. 학교에서는 좋은 곳에 취업을 시키겠다는 일념으로 면접 예상 질문을 짜 주고 대비를 시켰다. 어느 날은 지나가던 선생님이 갑자기 질문을 하면서 압박면접에 대비하는 훈련도 했다.

1차 합격 후 면접날이 되어 남대문 신한은행 본점으로 향했다. 그간 훈련했던 면접 질문을 떠올리며 마인드 컨트롤을 하고 있을 때 이름이 불렸다. 면접장으로 들어가 질문을 기다리는데, 다른 지원자에게 던진 평범한 질문과 달리 지원서를 한참 들여다보던 임원이 말문을 열었다.

"종교가 기독교군."

예상을 깨는 질문이었다. 게다가 하필 거짓말로 쓴 부분이었다.

"네."

"기독교면 교회는 다니고?"

"다닙니다."

"그래? 어느 교회 다니나?"

머릿속은 새하얗게 변해 가고 있었다. 거짓말이 거짓말을 낳는다고 갈수록 첩첩산중이었다. 얼굴은 시뻘겋게 달아올랐고 등허리에선 땀이 주르륵 흘러내렸다. 끝까지 파고들 기세로 묻는 면접관의 말에 모든 기억을 끌어모으고 있는데 어렸을 적 잡채밥을 주었던 교회 간판이 이미지처럼 떠올랐다.

"성결교회입니다."

"그래? 강릉성결교회. 그럼 ○ 목사 알겠네? 그 교회 담임목사가 ○ 목사지?"

노련한 면접관이 당황하는 내 표정을 못 읽었을 리 없다는 생각이 들었다. 이젠 이실직고하자 싶었다.

"죄송합니다. 잘 모르겠습니다."

"강릉성결교회 다닌다면서 몰라? 흐음."

심드렁해진 면접관의 표정에서 희망이 사라지는 게 느껴졌다. 그러더니 마지막으로 불합격의 쐐기를 박는 질문을 던졌다.

"자네는 5·18광주사태에 대해 어떻게 생각하나?"

뜬금없이 5·18민주화운동이 주제라니. 전혀 예상하지 못한 질문이었다. 가뜩이나 거짓말이 천하에 들통난 것 같아 화끈거리는데 정치적으로 민감한 질문에 완전히 전투력을 상실했다.

"미처 생각해 보지 못했습니다. 죄송합니다."

"그래? 자네는 우리나라가 어떻게 되든 상관이 없다는 거네?"

100% 떨어졌다는 생각이 들었다. 몸이 벌벌 떨렸다. 세상에서 가

장 무거운 발걸음으로 면접장을 나왔다. 하늘이 무너지는 기분이 들었다. 다른 친구들은 후일담을 늘어놓으며 웃고 떠들었지만 그 순간 딱 죽고만 싶었다. 어머니 앞에 무릎을 꿇고 아무래도 이번 시험은 떨어진 것 같다며 솔직히 털어놓았다. 다음 시험엔 꼭 붙겠다는 말에 어머니는 말없이 손을 꼭 잡아 주셨다.

그 길로 집을 나와 소주를 마셨다. 나는 왜 이렇게 운이 없을까, 왜 이렇게 억울한 인생을 사는 걸까 알 수 없는 원망에 사로잡혔다. 수업이 끝나면 친구들과 어울려 술을 마시고 친구 집에서 자면서 될 대로 되란 식으로 방황하고 있었다.

얼마 후 학교 방송실 종이 울리며 3학년 1반 박영산 교무실로 오라는 방송이 나왔다. 말도 안 되는 꼴로 교무실 문을 열고 들어서는데 이게 웬일, 선생님들이 일렬종대로 늘어서 열렬히 박수를 치며 외쳤다.

"박영산, 신한은행 최종합격을 축하한다. 장하다!"

갑작스런 환영에 눈물이 핑 돌았다. 당연히 떨어질 줄 알았는데 합격이라니, 이게 웬일인가 싶었다. 정신없이 집으로 달려가 어머니에게 합격 소식을 전했다. 어머닌 눈물까지 흘리며 좋아하셨고 온 동네방네 취업 소식을 전하느라 며칠간 얼마나 흥분하셨는지 모른다. 열아홉 인생 가운데 이토록 기뻐하신 어머니의 모습을 본 적이 있었던가 싶을 정도로 은행 취업은 어머니에게, 우리 가족에게 일생일대의 사건이었다.

그해 11월, 은행 연수를 시작으로 열아홉 살의 사회인이 되었다.

생각지도 못한 서울 생활을 하게 된 것도, 많은 이들이 동경하는 은행에서 일하게 된 것도 그저 놀랍기만 했다. 지금도 그때를 떠올리면 환희와 놀라움, 신기함뿐이다. 인간적인 생각으론 가능성 제로에 가까운 상황이지만 180도 달라진 결과가 어떻게 일어났을까. 그건 정말 섭리라고 밖에 설명할 도리가 없다. 교회에 대해 거의 무관심한, 아니 배타적인 사람이 어떻게 취업지원서에 기독교로 종교를 바꿔 쓰고 성경구절을 가훈으로 생각해 냈으며, 살 떨리는 면접장에서도 어릴 시절 기억을 간신히 끌어올려 거짓말로 둘러대고 그 거짓말이 드러나는 상황에서도 합격할 수 있었을까.

생각해 보니 가장 배고프고 힘들고 방치되었을 때 따뜻한 손길을 내밀고 밥을 차려 주고 사랑을 건네준 어린 시절 교회에서의 기억 덕분이었다. 그 잠깐의 기억이 없었다면 종교를 기독교로 적어낼 생각도 못했을 것이고 성경구절은 당연히 몰랐을 것이며 교회 이름도 생각해 내지 못하며 드라마틱한 면접도 치르지 못했을 것이다.

하나님을 믿고 나서 이 사실을 깨닫게 되자 너무도 큰 은혜였고 위로였다. 하나님은 이미 예전부터 나를 보시고 준비를 하고 계셨다. 방치된 어린 나에게 교회를 먼저 경험하게 하시고 그 희미한 기억마저 미천한 경력에 도움이 되도록 만들어 가고 계셨다. 주님의 열심을 깨닫게 되니 감사할 뿐이다.

몇 개의 지구를 짊어지다

어머니가 마련해 주신 큼지막한 양복에 007가방을 든 어리바리한 열아홉 살 시골 청년이 상경해서 은행 본점에서 연수를 받았다. 결심은 하나였다. 세상에서 가장 사랑하는 두 여인을 위해 사는 것이었다.

첫 번째 여인은 어머니다. 안정적인 직장을 얻어 어머니를 모시고 가정을 이루는 게 꿈이었으므로 고생하는 어머니를 어떻게 하면 편히 모실 수 있을까가 관건이었고 직장을 잡았을 땐 꿈에 한발짝 다가섰다는 기쁨에 더 열심히 살아야겠다고 스스로 다짐했다.

어머니는 그리 살가운 분이 아니었다. 삶이 워낙 고달파서인지 말수도 별로 없으셨고 표현이나 표정도 다양하지 못했다. 단 둘이 살면서 대화도 많지 않았지만 일찍 철이 든 나는 고생하는 어머니를 무조건 호강시켜 드리고 싶었고 그런 마음을 아셨는지 늘 내 편이 되어 주셨다.

집 앞 구멍가게에서 일어난 초콜릿 사건은 두고두고 기억이 난다. 하루는 몇몇 친구가 블랙로즈 초콜릿을 사 들고 나오는 모습이 보였다. 그 시절 유행하던 초콜릿이었는데 친구가 내민 한 조각을 먹어 보니 천국이 따로 없었다.

집에 와서도 초콜릿 생각이 떠나지 않아 결국 초콜릿 절도를 감행했다. 주인 아주머니가 워낙 허술하여 한 개 값만 내면 한 개는 잘 숨겨 올 수 있었다. 다음날 한 개 값만 들고 가게로 향했다. 그리곤 초콜릿 한 개를 옷 속에 몰래 집어넣고 다른 한 개를 가져가 계산했다. 다행히 들키지 않았다.

한차례 성공(?)을 거두자 더욱 대담해졌다. 다음날 똑같은 작전으로 청재킷 속에 초콜릿 한 통을 숨긴 채 손에 한 통을 들고 계산대 앞에 섰다. 그런데 평소 TV 화면에서 눈을 떼지 않던 아주머니가 나를 빤히 쳐다보았다.

"너, 그거 뭐니?"

입고 있던 청재킷 지퍼 사이로 초콜릿 포장지가 삐죽 나와 있었다. 화들짝 놀라 손에 들고 있던 지폐와 훔친 초콜릿을 휙 집어던지고 나왔다. 그 길로 집으로 뛰어들어가 방문을 잠그고 이불을 뒤집어썼다. 가슴이 콩닥콩닥 뛰었다. 아줌마가 도둑놈의 자식이라고 소문을 내면 어떡하지, 어머니에게 이 사실이 알려질까 걱정이 돼 죽을 지경이었다. 아무래도 안 될 것 같아 고이고이 모셔 둔 돼지 저금통의 배를 갈라 지난번 초콜릿 값을 들고 가게로 들어갔다.

나를 본 주인 아주머니는 쥐 잡듯 몰아세웠다. 그동안 가게에서 일어난 모든 도난 사건을 나에게 덮어씌우셨다. 딱 한 번 그랬을 뿐이라고 변명해도 믿어 주지 않았다. 천하의 몹쓸 도둑놈이 되어 집으로 돌아간 나는 어머니 앞에 무릎을 꿇었다. 낮에 있었던 일을 이실직고하고 잘못을 빌었는데 이야기를 다 들은 어머니는 그 길로 가게로 가셨다. 그리곤 가게를 뒤집어 놓으셨다. 양심 고백을 하러 간 아이에게 엄한 죄까지 덮어씌우는 게 어딨냐며 훔쳐 간 초콜릿 값을 지불하시곤 블랙로즈 한 박스를 사 오셨다.

"질리도록 먹어. 다시는 양심에 어긋나는 일은 하지 마라."

그날의 사건으로 어머니의 깊은 사랑과 마음을 느꼈고 다시는 양심을 어기지 않으리라는 결심을 하게 되었다. 어머니는 아들의 결정을 무조건 믿어 주셨고 어떤 상황에서도 손을 놓지 않았다. 아버지의 장례식장에서 만난 시댁 쪽 친척이 나를 입양하고 싶어 했을 때도 끝까지 나를 놓지 않으셨다. 그런 어머니를 사랑했고 평생 책임져야 한다는 마음에 고교 시절 일탈을 할 때도 선을 넘지 않을 수 있었다.

평생 열심히 살아야 할 이유가 된 또 다른 여인은 지금의 아내인 당시 여자친구였다. 처음 만난 건 고등학교 1학년 때였다. 아내는 알고 지내던 형의 동네 동생으로, 처음 볼 때부터 참한 여성의 표본이었다. 하얀 피부에 착한 인상을 가지고 말수도 그리 많지 않은 수줍음 많은 여학생이었다. 착한 아내와 가정을 이루어 사는 게 꿈이었던 나에게 아내는 운명처럼 다가왔다.

고등학교 3년 내내 교제하는 동안 우리는 사이좋은 오빠 동생으로 지내며 정을 쌓았는데 누나들은 고등학생이 연애하는 것을 걱정했지만 유일하게 어머니는 그런 우리를 믿어 주셨다.

내가 서울로 오게 되면서 강릉에서 직장생활을 하게 된 아내와는 자연스럽게 장거리 연애를 이어 갔다. 주말이면 설레는 마음으로 강릉행 고속버스에 올라 기본 5-6시간을 달려 강릉에 도착해 잠깐 얼굴을 본 뒤 다음날 저녁 서울로 돌아오는 일을 반복했다. 무엇보다 겨울이 큰 난관이었다. 눈이라도 오면 강릉으로 향하는 도로는 빙판길이 되었고 통신 수단도 없었기에 12시간 넘게 버스를 타고 가면

승강장에서 오들오들 떨며 나를 기다리고 있는 아내의 모습에 가슴이 아플 때도 많았다. 장거리 연애에 몸도 마음도 힘들어지면서 결단을 내렸다. 남들 보기에 이른 나이지만 결혼을 하지 않을 이유가 없었기에 결혼을 결심했고 때마침 찾아온 생명을 선물 받아 스물셋에 가장이 되었다.

꿈에도 그리던 가정을 이루게 된 나는 사랑하는 두 여인을 지키는 것이 가정을 잘 보살피는 것이라고 생각하며 살았다. 아이도 생기고 어머니도 모셔 올 수 있게 되니 더 이상 바랄 게 없었다. 중요한 것은 어렵게 이룬 이 꿈을 잘 지켜 내는 것이었다. 그러기 위해선 사랑하는 두 여인을 위해 최선의 노력을 해야 한다는 마음뿐이었다.

우선 어머니의 짐을 내가 짊어졌다. 어머니가 낳은 세 명의 누나와 그들의 어려운 삶, 복잡하게 얽혀 있는 가족사와 외가의 일까지, 어머니가 신경 써야 할 부분과 신경 쓰지 않아도 될 부분까지 개입하며 챙겼다. 누가 봐도 필요 이상으로 어머니의 면을 세워 드리고 싶었다. 그게 내겐 중요했다.

처가 쪽에도 마찬가지였다. 어린 신랑, 어린 사위로서 처가의 체면을 세워 드리고 싶었다. 무슨 때가 되면 처가 순회를 도는 것은 물론 여기저기 찾아다니며 맏사위로서 역할을 다했다. 좋아서 그렇게 한 것도 있지만 무서운 책임감도 작용했던 것도 같다. 아니, 그렇게 해야만 가정을 지킬 수 있다고 생각했을 수도 있다.

이러한 삶의 패턴은 오랜 시간 지속되었고 어느새 당연해졌다. 때론 거추장스럽고 힘에 부칠 때도 당연히 있었을 테지만 가정을 지키기 위해선 당연히 감내하자 다짐했고 그러한 노력이 가정을 지키고 있다고 믿었다.

훗날 사춘기를 심하게 앓던 딸아이 문제로 부모가 함께 상담을 하러 갔을 때였다. 도대체 아이에게 무슨 문제가 있는지, 어떤 해결책이 있을지 기대하며 상담을 시작했는데, 가족 이야기를 듣던 상담사가 나를 상담하기 시작했다. 어린 시절부터 아버지 이야기까지 아픈 과거사를 술술 털어놓으며 지금의 상황까지 얼마나 열심히 살아왔는지 나열했는데 가만히 얘길 듣던 상담사가 해 준 말이 있다. 그것은 참 충격이었다.

"아버님은 남들과 달리 한 개도 아니고 몇 개의 지구를 혼자 짊어지고 사셨네요. 안 힘드셨어요?"

순간 나도 모르게 가족들 앞에서 눈물이 났다. 그랬구나, 혼자서 몇 개의 지구를 짊어지고 살면서 그게 힘든지도 모르고 아등바등 살았구나. 그때는 혼자 모든 것을 짊어지고 있으면서 그게 얼마나 사람을 지치게 하는지, 힘들게 하는지 몰랐다. 그래서 더 악착같이 현실을 벗어나고자 책임감의 가면을 쓰고 살았는지 모르겠다.

세상을 향한 욕심

서울에 올라와 보니 요즘 말로 '현타'가 왔다. 71명의 신입사원 동기들 중 지방 상고 출신은 몇 명 안 되었고, 그중에서도 내 처지는 더 한심했다. 다들 서울 출신에 학벌도 좋았고 집안도 괜찮아 보여 귀티가 흐르는 인상이었달까. 그 속에서 나는 마치 미운오리새끼 같았다. 미운오리에서 벗어나는 길은 오로지 노력뿐이었다.

연수 기간 기를 쓰고 열심히 했다. 은행 문화가 어떤지, 어떤 업무를 하며 앞으로 어떻게 금융 환경이 바뀔 것인지 강의도 열심히 들었는데 마지막 날에 한 가지 미션이 떨어졌다.

"은행에서 고객 확보는 우선순위입니다. 은행 적금 신규 고객을 확보하여 계약서를 제출하십시오. 그게 마지막 미션입니다."

올 것이 왔구나 싶었다. 다른 동기들은 인맥을 동원해 쉽게 미션을 완수하는 듯 보였다. 하지만 세상천지 인맥 하나 없던 나는 막막했다. 어떻게 고객을 만나 적금 계약까지 할 수 있을지 암담하던 참에 한 사람이 떠올랐다. 서울 이모, 어머니 바로 밑의 동생으로 거의 왕래는 없었지만 유일하게 아는 서울 사람이었기에 매달릴 곳은 거기밖에 없었다.

물어물어 서울 이모를 찾아갔다. 이모부와 간판 일을 하고 계셨기에 은행 계좌 하나쯤은 해줄 수 있을 것 같았다.

"저, 이모. 제가…."

"뭔데? 뭐 할 말 있니?"

"그러니까…. 은행…. 아니에요. 건강히 계시라고요."

차마 입이 떨어지지 않았다. 말이 목구멍에서부터 턱 막혀 한마디도 나오지 않았는데 이런 경험은 처음이었다. 서울 이모와의 만남은 그렇게 어색한 인사를 주고받은 채 끝이 났다.

한 건의 계약도 올리지 못한 채 강남역을 나오는데 열아홉 살 어린 청년의 눈에 들어온 강남역은 화려하기 그지없었다. 요란한 네온 사인이 돌아가고 뭐가 그리 즐거운지 사람들은 삼삼오오 모여 웃고 떠들며 어디론가 가고 있었다.

'은행도 이제 끝이구나.'

홀로 동떨어진 기분으로 터덜터덜 우성아파트 사거리를 걸어가고 있는데 대형 나이트클럽 간판이 들어왔다. 나도 모르게 간판 입구를 유심히 들여다보니 카드가맹점 표시가 없었다. 보통 매장이나 업체 들이 카드가맹을 계약해서 영업을 하는데 이렇게 큰 나이트클럽에 카드사 가맹 표시가 되어 있지 않다니 이상한 생각이 들었다. 확인차 용기를 내어 클럽 안으로 들어가기로 했다.

앳되어 보이는 청년이 007가방을 들고 들어오니 시선 집중이었다. 솔직히 이판사판이었기에 용기 내어 지배인과 만나고 싶다고 하니 의외로 금세 성사되었다.

"신한은행에서 오셨다고요? 그렇잖아도 기다렸습니다."

"네? 아, 제가 보니 VISA 카드가맹점 표시가 되어 있지 않아서요."

"맞아요. 카드가맹점 계약을 맺고 싶은데 워낙 바빠서 아직까지 못하고 있었습니다."

그때만 해도 은행과 같은 금융권이 고자세라 업체 측에서 가맹점을 의뢰하는 편이었는데, 마침 서로의 니즈가 딱 맞아떨어진 셈이다. 일사천리로 계약이 이루어졌다.

"저희가 여기 말고도 강남에 세 군데 정도 클럽을 운영하고 있는

데 오신 김에 그곳도 가맹점 계약을 하겠습니다."

그날 밤, 한자리에서 세 군데 카드가맹점 계약을 체결했다. 이게 꿈인가 싶었다. 어떻게 이런 일이 한꺼번에 일어날까. 우주의 행운이 모두 나에게 온 기분이랄까. 다음날 사무실로 향하는 발걸음은 그 어느 때보다 가벼웠다. 출근과 함께 세 건의 계약서를 책임자에게 내밀자 모두 탄성을 질렀다. 적금 고객 한 명 확보하면 통과하는 미션에 개인 고객이 아닌 대형 나이트클럽 카드가맹점을 세 군데나 뚫었으니 당연했다. 알게 모르게 고졸에 지방 출신이라며 얕보던 사람들에겐 더욱 놀라운 일이었다.

나로선 마지막 미션을 통과하게 되었다는 기쁨과 드디어 직장생활을 할 수 있게 되었단 안도감이 한꺼번에 밀려왔다.

정식 은행원이 되어 와이셔츠에 넥타이를 매고 출근하게 된 것은 온 집안, 특히 어머니에겐 큰 보람이고 자랑이었다. 그런 어머니를 보며 사랑하는 두 여인을 위해 나는 열심히 살아야 했다. 그 열심을 구현할 수 있는 곳은 은행이었기에 충성을 다짐하며 누구보다 열심히 업무에 임했다.

이미 입사할 때부터 한 건(?) 했던 터라 상사들에게도 좋은 인상을 남겼고 언제든 가르쳐 주면 열심히 배우겠다는 자세로 직장생활을 했으니 능률과 실적은 당연히 올랐다. 남들보다 일찍 출근하고 늦게 퇴근하는 건 당연했고, 누구나 기피하는 일은 자청하는 등 안쓰러울 정도로 열심히 살았다. 어떤 이들은 내가 왜 그렇게 열심히 아등바등 사는지 의구심도 들었을 것이다. 하지만 나는 그렇게 살아야 했다. 가진 것도 없는 나, 뭐 하나 볼 것 없는 나를 일할 수 있도록 해 준 조직에서 흙수저인 내가 할 수 있는 건 노력밖에 없다고 생각했기 때문이다.

90년대 초반, 우리나라 경제 상황이 성장하는 시점이었기에 금융권의 업무 환경도 좋았고 대우도 괜찮았기에 나는 재정이나 모든 면에서 빠르게 안정을 찾아가고 있었다. 아무것도 없이 빈손 들고 올라와 나름 어렵게 살았지만 가난에 익숙했던 나였기에 잘 적응할 수 있었다.

그러면서 고등학생 시절부터 교제해 오던 아내와의 장거리 연애로 서로를 향한 그리움은 더해 갔고 결국 군 제대 시기와 맞물려 결혼을 결정하게 되었다. 스물셋, 스물두 살의 어린 부부를 걱정하는 이들이 많았던 것도 사실이다. 그러나 아내를 향한 내 믿음과 사랑이 확실했고 아내 역시 같은 생각이었기에 어머니나 처가의 승낙을 얻어 그렇게 스물셋에 가정을 이룰 수 있었다.

첫아이도 찾아온 상황이라 책임감도 컸다. 예전부터 그토록 꿈꾸던 가정을 이루게 되었다는 기쁨도 있지만 가족의 생계를 책임지는 위치에 대한 부담감이 컸던 것도 사실이다. 그래선지 더 열심히 살아야겠다는 다짐은 세상을 향한 욕심이 되었다. 소위 세상에서 이야기하는 성공 기준을 쫓게 되었고 성공한 이들이 삶의 모델이 되어 채워지지 않는 세상의 욕심을 따라갔다.

🌙 열심과 인정을 우상 삼다

어린 시절 나는 가면을 쓰고 살았다. 내면은 온갖 눈치를 보고 열등의식으로 우울했으나 겉으로는 밝게 보이려고 노력했다. 그런데 사회생활을 시작한 뒤 가면을 점점 벗을 수 있었다. 노력을 통해 직장을 얻었고 성취를 경험하면서 인간적인 노력으로 삶이 바뀔 수 있다는 믿음이 생겼기 때문이다. 아버지 없이 성장한 시간, 가난한 환경, 평범하지 않은 집안 분위기 등 지금까지 나를 둘러싼 환경은 내가 선택할 수 없지만, 앞으로 이뤄 갈 가정과 자녀 양육, 일은 노력에 의해 충분히 결과가 달라질 수 있다고 생각하게 된 것이다. 그때부터 '노력 신봉자'가 되었다.

입사 후 얼마 되지 않았을 때 카드 고객을 모객하는 일을 맡게 되었다. 당시만 해도 은행의 문턱이 높았고 행원들도 콧대가 높았기에 카드 고객을 모집하는 일은 반가운 업무가 아니었다. 누군가에게 아쉬운 소리를 해야 하는 영업 아닌가.

하지만 나에겐 그 일이 힘들지 않았다. 나보다 아쉬운 사람이 별로 없다고 생각했기에 어떻게 하면 모객을 많이 할 수 있을까 고민뿐이었다. 그때 생각난 곳이 모교였다. 지점장님께 말씀드리고 모교로 향했다. 말이 모교 방문이지 민폐가 될 수 있었다. 그런데 감사하게도 모교의 선생님들은 졸업생의 방문을 반갑게 맞아 주셨고 거침없이 들이대며 영업하는 졸업생을 어여삐 여기며 고객이 되어 주셨다.

이 일로 자신감을 얻어 이왕 하는 일 최선의 결과를 내자는 욕심이 났다. 아내의 모교로도 찾아갔다. 졸업생의 남편이자 강릉인의 한 사람으로서 업무 달성을 위해 찾아왔다고 하자 반갑게 맞아 주었고 카드 모객에 성공할 수 있었다. 하루아침에 거둔 영업 실적은 한 팀에서 거둔 실적에 맞먹을 정도였고 나는 그 해 카드 영업왕으로 선정되어 미국 연수까지 다녀올 수 있었다. 조직 내에서의 인지도는 당연히 높아졌다.

처음에는 유난스럽게 일한다며 눈살을 찌푸리는 사람도 있었고 대놓고 핀잔을 주는 이들도 있었지만 차츰 인식이 달라졌다. 남다른 모습에 처음 6개월은 지적하지만 그 뒤 6개월은 두고 보다가 다음부터는 인정한다. 나에 대한 뒷담화는 수그러들었고 오히려 인정하고 칭찬해 주는 이들이 생겨나면서 회사 생활이 재밌어졌다.

인정을 받을수록 인정욕구가 커지는지, 직장생활 4년차가 되면서 야간대학교에 도전했다. 그때 첫아이가 막 유치원 입학을 앞둔 시점이었는데 어릴 때 가정환경조사서에 무학력자인 어머니의 학벌을 국졸로 고쳐 쓰던 내가 생각났다. '우리 아이가 아버지의 학벌을 부끄럽게 생각하면 어떡하지? 적어도 나처럼 거짓말은 하지 않도록 대졸자가 되자'는 마음이 갑자기 들었다. 물론 아이들에게 부끄럽지 않은 아빠가 되자는 마음에 대학을 선택하기도 했지만 입사 3-4년차에 접어들면서 열등감에 빠져 있기도 했다. 도전하지 않으면 도태될 수밖에 없는 게 조직생활이기에 뭔가 새로운 출구가 필요했고 그건 공부였다.

마음먹으면 바로 단행하는 성격이라 그 길로 야간대학교 경영정보시스템을 공부했다. 금융경영시스템 변화라는 큰 이슈 앞에서 필요한 분야였으므로, 2년간 주경야독하며 배운 내용은 본사 IT 분야로 업무를 전환하는 데 결정적인 역할을 했다. 신한은행이 조흥은행과 합병하는 과정에서 전산 시스템 프로그래밍은 필수 요소였기에 때마침 내가 적합한 기술력을 갖춘 인재로서 등용되었고 개인적으로도 큰 영광이었다. 인사고과는 최고였고 그에 따른 보상도 이어졌다. 동기 중 가장 먼저 승진한 것을 넘어 생각지도 않은 부서로 스카우트된 것이다.

"박 과장, 상품개발부에서 일해 보지 않을래?"

금융권의 상품개발부는 핵심 부서 중 하나로 소위 브레인이라 불리는 이들이 모인 부서다. 상사의 제안은 파격이었다. 혹시나 하는 마음에 상품개발부원들의 면면을 찾아보니 다들 어마어마한 스펙의 소유자들이었다. 이들 틈에서 과연 살아남을 수 있을까 싶으면서도 능력을 인정받아 기뻤고, 그 인정에 부응하려는 노력으로 회사 생활에 최선을 다했다. 과연 열심은 헛되지 않음을 체득했고 이러한 자기 확신은 더욱 열심의 세계로 나를 이끌었다.

이러한 열심은 업무 외 조직생활에서도 발휘되었다. 어떻게든 사람들에게 인정받기 위해 노력했다. 회식 장소에 가면 가장 먼저 도착해서 직원들을 맞아 주고 끝까지 남아 귀가하는 것까지 챙겨 주었다. 배려받는 걸 당연하게 여기는 이들의 모습에 마음이 상할 때도 있었지만 그때마다 마음속으로 주문처럼 외웠던 말은 '내가 가진

게 없으니까'였다.

지점에서 엠티(MT)를 갈 때도 최선을 다해 헌신했다. 지금이야 요식업을 하지만 그 당시엔 훌륭한 요리사도 아니었는데, '엠티주방장'이란 별명이 붙을 정도로 엠티를 가면 1박 2일 동안 참석자들의 먹거리는 거의 내 손을 거쳤다. 그때부터 음식 사업에 대한 싹이 보였는지 머릿속에서 '무엇을 어떻게 맛있게 먹이지?' 생각했던 것 같다.

수십 명이 참석하다 보니 대량의 음식을 준비하는 게 쉬운 일이 아니었지만 기꺼이 킹크랩을 조달해 요리하기도 하고 식사가 끊이지 않게 풀코스로 대접했다. 바비큐를 할 때도 고기를 엄선해서 주문하고 좋은 숯을 피워 적정한 온도에 고기를 구워 내며 마지막 된장과 밥에 이르기까지 세세히 살폈다.

점점 나라는 존재의 인지도가 높아지자 나의 세계를 넓혀 가고 싶다는 마음으로 이어졌다. 그 세계란 인맥이었다. 어떻게 하면 안정적으로 인맥을 쌓을 수 있을까 생각하니 같은 취미를 가진 이들과 동호회를 만드는 것만큼 좋은 일이 없었다.

그때부터 앞에 나서서 판을 깔아 주는 역할을 했다. 당시 유행하는 취미를 알아보고 다함께 즐길 수 있는 적합한 레저 활동을 선택했다. 여기서도 나의 열심은 계속되었다. 강릉 출신이라지만 레저 활동이라는 것을 거의 경험해 보지 못했던 터라 먼저 레슨을 받고 동호회에 투입되는 식이었다.

동호회도 하나가 아닌 여러 개 조직해서 이끌었는데 한창 스키가 유행일 때 스키 동호회를 조직해 온가족이 함께 스키를 타러 다니기도 하고, 인라인 스케이트 동호회는 대규모 동호회로 성장해 큰 대회에 나가기도 했다. 당시 신한은행과 조흥은행이 통합하는 시점이었는데, 동호회원 300명을 이끌고 인라인 스케이트 대회에 참여한 일로 회사로부터 큰 인정을 받기도 했다.

동호회 일을 할 때도 총무 역할을 맡았다. 결코 나대는 사람으로 비춰지고 싶지 않았고 그럴 수도 없다는 생각에 철저히 2인자로서 활동하다 보니 오히려 조직 내 많은 이들과 교류하게 되고 그것은 인맥이 되었다. 어디 가나 알아봐 주는 사람이 있었고 아는 사람이 있었다. 그 인정을 좇아 열심을 우상 삼아 조직에 충성했다.

그러는 동안 정작 가족이 타고 있는 배가 표류하고 있다는 사실을 깨닫지 못했다.

2. Damascus

다메섹에서의
만남

🌘 삐걱거림

"여보, 어머니가 좀 이상해요."

"이상하다니!"

아내가 조심스레 꺼낸 말에 나도 모르게 예민한 반응이 나왔다. 사실 어머니가 좀 이상하다는 건 눈치채고 있었다.

행복한 가정 만들기가 인생 최고 목표였기에 결혼을 하면서 어머니를 서울로 모셔 왔고 착한 아내는 싫은 내색하지 않고 아이 키우고 시어머니 모시며 살림을 했다. 시간이 갈수록 회사 일로 바빴던 나는 직장에서 인정받기 위해 온갖 노력을 했고 집에 오면 입을 닫고 있는 날이 많았다. 밖에서 에너지를 소진한 탓인지 집에선 점점 말수가 줄어들었는데 그러는 동안 가정은 삐걱거리고 있었다.

가장 먼저 어머니에게서 문제가 보이기 시작했다. 강릉에 지내시던 어머니는 함께 살자는 아들 부부의 제안에 처음엔 강릉과 서울을 오가며 지냈지만 얼마 뒤엔 연년생인 아이들도 봐주실 겸 아예 올라오셨다. 여전히 무속인에 가까운 삶을 살면서 누군가에게 기도를 올렸고 이유 없이 아픈 몸 때문에 약을 달고 사니 신경은 더욱 예민해져 갔다.

아프신 어머니를 모시고 여기저기 다니다 대학병원으로 가서 전체적으로 검사를 받기도 했지만 큰 문제가 나타나지 않았다. 그러다 신경정신과를 가 보라는 권유를 따라 입원 검사를 시작했다. 때마침 그곳에선 한국인의 우울증과 신체화 증상에 대한 연구 과제를 진행한다며, 어머니와 같이 이유 없이 아픈 분들의 사례를 연구하고 있었다. 한국인의 우울 인자가 어떻게 발생하는지, 뇌에 어떤 영향을 주어 신체 활동까지 영향을 미치는지 연구를 진행하며 적절한 약물 치료를 통해 어떻게 호전되는지 결과를 살펴보는 것이다.

다행히 어머니는 약물 치료로 조금씩 호전이 되었는데 그 과정을 지켜보며 확신할 수 있었다. 수십 년간 어머니를 괴롭혀 온 신내림이란 결국 심리적 원인에 의한 신체화 증상임을.

'그래 신 같은 건 없다. 모든 건 사람 의지에 달렸다.'

안타깝게도 약물 치료의 효과는 그리 오래가지 못했다. 우울증이 치매 초기 증상으로 바뀌기 시작하면서 증세가 깊어진 것이다. 서울로 올라와 광명에 신혼집을 차렸다가 고척동을 거쳐 일산으로 들어가던 시기였다. 낯선 곳으로 계속 이동하는 것도 스트레스였을 텐데 어머니의 증세까지 겹치니 아내가 많이 힘들었다. 감정기복이 심한 데다 치매 환자들에게 보이는 반복되는 말과 이상 행동에 돌보는 이들이 지쳐 갔다. 하루 종일 바깥에 나가 있다가 잠깐 보는 일도 힘든데 하루 종일 붙어 있는 아내는 얼마나 힘겨웠을까. 그럼에도 바쁘다는 핑계로 적극적으로 개입하지 못한 건 나의 잘못이다.

설상가상으로 아이에게도 문제가 생겼다. 딸, 아들이 연년생으로 크면서 나름 다복한 가정, 행복한 가정의 모습을 갖추고 있다고 자부하고 있었는데 어느 순간 그 상이 깨지고 있었다.

하루는 아내로부터 다급한 전화가 걸려 왔다. 딸아이 학교에서 문제가 생긴 것 같다며 호출이 왔다는 것. 직감적으로 큰일이 났구나 싶어 학교로 뛰어갔다. 아이를 만난 건 교무실, 소위 일진이라 불리는 아이들 틈에 섞여 있는 딸을 보는 순간 마음이 무너져 내렸다. 가해자의 부모 자리에 죄인처럼 앉아 있는데 어처구니가 없었다. 아직 초등학생인 친구를 따돌리고 괴롭혔다니…. 이미 벌어진 상황에서 최선의 해결은 무조건 비는 것뿐이었다.

"죄송합니다. 무조건 잘못했습니다. 저희가 잘못 가르쳤습니다. 죄송합니다."

손이 발이 되도록 빌고 또 빌고 나오는데 감정을 주체할 수가 없었다. 또래들에 비해 체구도 작고 여리디 여린 딸아이가 괴롭힘에 가담했다는 사실이 믿기지 않으면서 분노가 일었다. 알고 보니 이런 일이 처음이 아니었다. 아내는 변해 가는 딸을 어르기도 하고 혼도 냈지만 아이는 폭주하고 있는 상태였다.

짐작한 바로는 다른 애들에 비해 작지만 조숙했던 아이는 나름 생존 전략을 짰던 것 같다. 힘 있는 친구들 소위 일진이라 불리는 아이들과 어울리며 그들의 무리에 속해야 자신도 살아남을 수 있다고 생각했던 것이다. 그러다 보니 좋지 않은 일에 가담하게 되고 사달이 난 것이다.

그간 우리 가정은 그래도 안정적으로 흘러가고 있다고 굳게 믿고 있었건만 아니었다. 내가 그린 안정적이고 행복한 가정의 모습에서 벗어났다는 사실과 마주하니 너무 화가 났다.

"야! 도대체 뭐가 문제야?"

윽박지르는 아빠를 향해 아이는 경멸의 눈빛을 쏘아 댔다. 마치 '당신이 문제야'라고 말하는 듯했다. 더욱 충격적인 건 그동안 그토록 잘 따르던 엄마에게 밥 먹듯 심한 말을 해대고 무례한 행동을 해 왔으며, 심지어 핸드폰에 저장된 엄마의 닉네임은 입에 담을 수도 없는 단어였다. 행복한 가정을 이루는 인생 최대의 목표에서 한참 엇나간 이런 상황이 당황스러웠다.

스물넷, 꿈에 그리던 가정을 이루게 되면서 나름 좋은 남편 좋은 아버지가 되기 위해 모델을 찾아다녔다. 아버지의 빈자리를 몸서리칠 정도로 느꼈기에 좋은 아버지로서 가정을 이끌어 가고 싶은 욕구가 컸다. 그러다 보니 나름 좋은 아버지상을 그리고 그대로 따라가려 했다.

불행히도 성장 과정에서 보게 된 주변의 아버지들은 대부분 좋지 않은 모습을 보이는 이들이었다. 폭력을 일삼고 술과 노름, 바람으로 점철된 인생, 자식을 책임지지 않는 이들을 지켜보며 절대 저런 아버지는 되지 말자 다짐했고, 직장생활을 하면서 만나게 된 금융맨들을 보며 좋은 아버지상을 만들어 갔다.

어떤 상사의 모습을 통해 좋은 남편이 되려면 이렇게 해야 하는구나 배웠고, 다른 상사를 통해서는 아이들 교육을 어떻게 시키면 좋을지 나름 기준을 세웠다. 이런 식으로 좋은 가장의 기준을 세우다 보니 엄격한 기준과 잣대가 만들어졌고 그게 정답인 양 그대로 살려고 노력했다. 어떤 때는 가정의 최대 보호자라는 역할을 잘 해내야 한다는 조급함에 어린 자녀들을 데리고 극한 상황에 대비하는 교육을 시키기도 하는 등 아빠가 부재했을 때도 자신을 지킬 수 있도록 했다. 그게 목숨과도 같은 가정을 지켜 내는 길이라 믿었다.

가족이라면 모든 것을 공유해야 한다는 마음에 직장 동호회 활동에도 적극적으로 참여시켰다. 아이들은 어린 시절부터 스키, 스쿼시, 인라인 스케이트 등 많은 경험을 시켰는데 지금 생각해 보면 가족을 마치 나를 드러내 주는 액세서리처럼 여긴 것 같다.

결국 시간이 지나 보니 하기 싫은 것을 억지로 시킨 아빠, 잘 못하면 끝까지 시키는 피도 눈물도 없는 아빠, 공감 없이 강압적으로 훈육하는 아빠가 되어 있었다.

아내도 나도 흔들리고 있었다. 지키고 싶은 이들이 흔들리고 있었고 가정이라는 배는 좌초 위기에 놓여 있었다. 정답이라고 믿었던 답안지가 모두 틀린 것 같은 현실 앞에서 어떻게 해야 할지 몰라 허둥댔다.

🔱 일주교 테러리스트

"선배님, 축하드려요. 이번에 사내에서 닮고 싶은 선배로 뽑히셨어요."

여기저기서 들려오는 축하에 호기롭게 화답하면서도 마음은 편치 않았다. 어머니와 아이 문제로 속앓이를 하고 있는 중이었다. 게다가 어느 날부터 아내가 이상한 소리를 하며 속을 건드렸다.

"알아보니 어머니 같은 분들 치료해 주는 곳이 있대요."

"어딘데?"

"교회에서 하는 곳인데…."

"교회? 당신 미쳤어? 거길 왜 가? 교회 얘긴 꺼내지도 마."

어머니의 신병 등 집안 대대로 무속 신앙의 배경이 짙게 깔려 있어 기독교와는 상극이라는 것을 알면서 교회 얘기를 꺼내는 게 거슬렸다. 그간 쉽지 않은 시어머니와 가족을 챙기며 얼마나 마음고생이 심했을까 미안한 마음이었지만 교회 얘기가 나오니 나도 모르게 예민해졌다. 그러면서 아내는 바싹바싹 말라 갔다.

당시 일산 가좌마을 아파트에 입주해 겉으로는 안정적인 생활을 하고 있었지만 실상은 살얼음판이었다. 어머니의 치매 증상은 점점 심해졌고 요양원에 대한 거부감은 아이 문제가 커지면서 수그러들기 시작했다. 더 이상 모신다는 게 무리라는 생각과 함께 결심이 섰고 우여곡절 끝에 어머니를 요양원으로 모시게 되었다.

하지만 우리에겐 딸아이의 문제가 남아 있었다. 부모와 벽을 쌓으며 단절되어 가는 딸을 위해 어떤 방법이라도 써야 했기에 생전 처음 상담을 받기도 했다. 상담을 통해 아이와의 갈등이 풀린 건 아니지만 그간 내가 얼마나 가족을 향한 책임감으로 똘똘 뭉쳐 있었고 아버지에 대한 열등의식이 있었는지 들여다볼 수 있었다.

여전히 아이는 방황 중이었다. 강제 전학을 시켜도 어울리던 아이들과 계속 만나 비행을 했고 부모와는 전혀 소통하려 들지 않았다.

가장 답답했을 사람은 아내였다. 남편 하나 믿고 서울로 올라와 아무 연고도 없는 지역을 전전하며 일산까지 오게 되었는데, 이제는 전부라고 여긴 가족이 흔들리고 있으니 여러모로 힘들었을 것이다.

아내는 모태신앙인이다. 외할머니로부터 신앙이 이어져 내려와 어릴 때부터 교회를 다녔지만 학창시절을 거치면서 신앙생활에 소홀해졌다. 정확히 말해 나를 만나고 이른 결혼으로 이어지는 과정에서 신앙과 점점 멀어졌고 단절되었다. 워낙 순종적인 성품이라 기독교에 부정적인 남편에게 맞춰 주었다는 게 맞다.

그러던 차에 위기 상황을 맞아 흔들리는 아내에게 장모님이 다시 손을 내밀었다. 외할머니로부터 신앙을 전수받은 장모님은 고된 시집살이에도 신앙의 힘으로 버텼고 딸 둘을 신앙으로 키웠다. 비록 신앙에서 멀어졌지만 힘들어 하는 딸을 찾아와 말없이 성경책을 내밀었고 아내는 하나님의 말씀을 읽으며 변화되었다.

이런 아내의 변화를 전혀 눈치채지 못했다. 그러다 어느 날부터인가 주일 아침이 되면 사라졌다가 나타나길 반복했다. 어딜 다녀 오냐고 물으니 핑계가 다양했다. 어느 날은 쓰레기를 버리러 갔다 왔다, 뭘 사러 다녀왔다는 식의 말로 둘러대는 게 영 이상했다. 이상한 예감은 틀리는 법이 없다. 아무래도 교회에 다녀오는 듯싶었다. 그것도 내가 가장 싫어하던 집 앞에 있던 그 교회를 말이다.

"당신, 교회 다녀?"

"…"

"알 박기로 소문난 그 교회 다니는 거 맞아?"

"…"

"분명히 말하는데 그 교회는 절대 안 돼. 절대!"

교회 다니는 것도 못마땅해 죽겠는데 내가 가장 싫어하는 그 교회라니 아내까지 왜 이러는지 모를 지경이었다. 워낙 상황이 힘들 테니 백 번 양보해서 교회 가는 것까지는 눈감아 주겠으나 집 앞 교회는 도저히 두고 볼 수 없었다.

12대 1의 경쟁을 뚫고 청약을 받아 일산 아파트로 들어오면서 나는 제대로 재테크를 하고 싶었다. 이제야 아파트를 마련했다는 안도감과 함께 사는 동네를 발전시켜 잘사는 동네로 만들고 싶다는 마음에 동대표도 맡았다. 속사정은 시끄러웠지만 겉으로는 할 것 다 하고 나설 것 나서며 이중생활을 하고 있던 셈이다.

아내가 다니는 교회는 아파트 단지 한쪽에 있는 곳으로, 아파트 입주자 대표회 사람들에겐 눈엣가시 같은 곳이었다. 원래 아파트가 지어질 때부터 있었지만 막상 단지가 조성되고 나니 알 박기를 한 것처럼 보여 사람들이 대놓고 욕을 했다. 동대표 회의를 할 때마다 교회가 문제가 되었고 어떻게든 몰아내야 한다고 입을 모았다. 특히나 그 교회 목사가 건설회사 출신이라서 전략적으로 알 박기를 하는 것이며, 김 사장(당시 목사님을 김 사장이라 불렀다)이 순진한 사람들 꼬셔서 가정을 파탄 낸다며 흑색선전을 퍼트리기도 했다.

이런 상황에서 아내가 김 사장이 목사로 있는 교회에 나간다니 도저히 용납할 수 없었다. 입을 꾹 다문 아내는 뭐라 대꾸하지 않았고 혼자 씩씩대던 나는 절충안을 제시했다.

"좋아. 그렇게 원하면 교회는 가도 좋아. 대신 집 앞 그 교회는 안 돼."

"그럼 어떻게 해?"

"다른 교회 가도 되잖아. 다른 교회로 다녀."

이 제안에 아내도 알겠다고 했다. 그 길로 일산에서 유명한 교회를 찾아 여섯 군데 리스트를 뽑아 주었다. 교회에 대해 하나도 몰랐지만 열심히 검색하고 나름 판단한 교회들을 6주간 순회하면서 어쩔 수 없이 예배에 참석하게 되었다. 잡채밥을 얻어먹던 때로부터 수십 년이 지나 다시 찾아간 교회는 여전히 낯설고 불편했다. 귀찮고 싫었지만 아내를 위해 억지로 참으며 예배 시간을 버텼다.

내심 남편으로서 이 정도 하는 게 어디냐 싶은 마음도 있었다. 그런데 정작 아내는 한 주 한 주 지날수록 낯빛이 어두웠다. 이렇게 열심히 쫓아다니며 교회를 다녀 주는데 서운하기도 하고 이해도 안 갔다. 결국 아내가 솔직한 심정을 털어놨다.

"여보, 딱 한 번만 집 앞 교회에 같이 가 주면 안 돼요?"

어이가 없었다. 그동안의 노력이 허사였단 사실에 화도 나고 약도 올랐다. 오기가 생겼다. '그래 직접 가서 얼마나 나쁜 곳인지 확인해 보자'는 마음으로 딱 한 번의 방문이 시작되었다.

의도하지 않았지만 일곱 번째로 주일예배를 참석하게 되었다. 바깥에서만 보던 교회 내부에 들어서자 동네에서 몇 번 보았던 분들의 모습도 보였고 교인이라는 이들이 반가워 어쩔 줄 모르겠다는 표정으로 맞아 주었다.

이왕 왔으니 김 사장 얼굴이나 제대로 보잔 마음에 예배당 중앙 가장 잘 보이는 곳에 앉았다. 재킷의 깃을 세우고 다리를 꼬고 앉아 눈을 부릅뜨고 목사를 주시했다. 그날따라 목사님은 땀을 뻘뻘 흘리며 말씀을 전하셨다. 원래 체구도 좋고 성령이 충만해 열정 넘치는 모습이 그렇게 나타난다는 사실을 나중에 알았지만 그때는 그 모습조차 보는 게 힘들었다. 옆에 있던 아내는 숨소리도 내지 못했다. 주기도문을 마치고 폐회를 선언하자 벌떡 일어나 말했다.

"자, 이제 됐지? 이 교회는 안 돼."

교회 문을 박차고 집으로 돌아왔다. 온몸으로 의사를 표시했으니 아내도 수용할 거라 믿었다. 그런데 아니었다.

얼마 뒤 다른 동대표로 일하는 분에게 전화가 걸려 왔다. 그분은 아내의 이름을 물었고 대답해 주니 호들갑을 떨며 말했다. 아내가 집 앞 교회를 엄청 열심히 다니고 있으니 조심시키라는 말이었다. 이 말을 듣는데 피가 거꾸로 솟는 기분이었다. 그렇게 알아듣게 말했건만 내 말을 무시하고 기어코 그 교회에 나가 충성을 다하고 있다니, 단단히 빠졌구나 싶었다.

그러면서 갑자기 이단에 빠졌다는 확신이 들었다. 이단에 빠지지 않고서야 어떻게 평일에도 교회에 가고 그렇게 열심히 공부를 한단 말인가. 그 말로만 듣던 사이비 종교에서 아내를 구해 내야 한다는 생각뿐이었다.

그 길로 아내에게 전화를 걸었다. 버스 정류장으로 차를 가지고 나오란 말에 아내는 영문도 모른 채 차를 몰고 나왔고 나는 차에 오른 뒤 말했다.

"교회로 가."

"무슨 교회?"

"당신 다니는 집 앞에 그 교회로 가! 당장."

교회 앞에 도착하자 밤 11시쯤 되었다. 내 아내를 이단에 빠뜨린 이 교회를 어떻게든 응징하겠단 마음에 차에서 내렸는데, 마침 덩치 큰 사람이 문을 닫고 돌아서고 있었다. 목사였다. 그를 보자마자 죽일 듯이 눈을 부릅뜨며 외쳤다.

"당신이 교회 목사야? 당신들이 믿는 하나님이 남의 순진한 아내 꼬드겨서 교회 빠지게 하라고 시켰어? 멀쩡한 가정 파탄 내는 게 당신들 목적이야? 한번만 더 이 사람 꼬드겨서 끌어내면 나 이 교회 폭파시킬거야. 내가 못할 것 같아? 두고 봐. 내가 다 죽여 버릴 거야."

완전히 이성을 잃었고 할 수 있는 모든 심한 말을 퍼부었다. 이 모든 욕을 고스란히 듣고 있던 목사님은 눈을 질끈 감았다. 나는 한참을 퍼부은 뒤 거칠게 차를 몰고 나왔다.

정신없이 운전을 하고 나오면서 머릿속으로는 원망뿐이었다. 교회가 순진한 아내를 꼬셔 가정을 파탄 내고 있단 생각에 아내도 밉고 교회도 싫었다. 가뜩이나 집안 문제로 머리가 아픈데 쓸데없이 교회 문제까지 끼어 가정을 심하게 깨뜨리고 있다는 두려움에 휩싸였다.

그렇게 나는 일산주님의교회, 일명 '일주교'의 테러리스트가 되어 견고한 가정을 위협한다는 명목으로 교회를 핍박하는 자가 되었다.

진짜 아버지를 만나다

"아빠. 엄마가 이상해."

"이상하긴 뭐가?"

"아무것도 안 먹고 누워만 있어. 엄마가 이상해."

둘째의 전화를 받았을 땐 '쇼 하는구나' 싶었다. 일주교의 테러리스트가 된 날 나는 집을 나왔다. 선배가 사는 집에서 지내며 아내에게 시위를 했다. 거의 매일 소주 세 병을 마시고 무시무시한 문자를 남기며 얼마나 화가 났는지 알렸다.

'당신 똑똑히 봐, 내 꿈과 우리 가정 망친 교회 가만 안 둘 거야.'

이런 문자를 하루에도 몇 번씩 보내며 괴롭혔고, 아내를 교회로 데려간 것으로 의심되는 사람의 전화번호를 관리실을 통해 알아내어 무시무시한 경고를 날리기도 했다.

"우리 집사람 알죠? 당신들 때문에 우리 집 개판 됐습니다. 한 번만 더 연락해서 집사람 꼬여 내면 가만 안 둘 거예요. 다 죽여 버릴 테니까 그렇게 알아요!"

아내도 이런 상황을 알았을 테니 식음을 전폐하는 척한다고 여겼다. 그런데 아이에게서 계속 연락이 왔다. 엄마가 정말 이상하다, 방에 누워만 있고 나오지 않는다며 공포에 떠는 아이의 음성을 듣는데 순간 아차 싶었다.

그 길로 집으로 가서 방문을 열어 보니 정말로 아내가 시체처럼 누워 있었다. 흔들어 깨우는데도 저항하지 않았다. 무서운 생각이 들었다.

이러다 큰일 나겠다 싶어 일단 일보 후퇴하자는 마음으로 집으로 들어갔다. 그날부터 집안일을 하고 아이들을 돌보며 아내의 마음을 풀어 주는 데 신경을 썼다. 출근할 때마다 심한 말을 해서 미안하다는 편지를 써 놓고 문자를 남겼지만 누워 있던 아내는 전혀 반응하지 않았다.

정말 안 되겠다 싶었다. 병원 가자는 말에 미동도 않는 아내를 두고 혼자 동네 병원을 찾아 상담을 하니 의사가 깜짝 놀라 나무랐다. 사람이 아무것도 안 먹고 일주일이 넘어가면 장기가 녹아 내려 큰일이 난다며 당장 119를 불러 응급실로 가라는 말이었다. 그 길로 뛰어 들어가 아내를 일으켰다. 종잇장보다 가벼운 몸을 붙잡고 일으키는데, 아무 힘도 쓰지 못하는 아내가 나를 밀치며 그런다.

"나한테 왜 그래? 이 나쁜 놈아…, 내가 뭘 잘못했다고 이래?"

겨우 겨우 뱉어 내는 그 말에 가슴이 너무도 아팠다. 대체 이 착한 여자한테 무슨 짓을 한 건가 싶은 마음에 죄책감이 들고 아내가 어떻게 될 것만 같아 무서웠다. 그 와중에도 병원은 죽어도 안 가겠다 버티는 아내를 두고 다급한 마음에 장모님께 전화를 드렸다. 사정을 이미 알고 계셨던 장모님은 아무 대답이 없으셨다.

그때 생각나는 게 딱 하나, 그토록 미치게 싫어하던 집 앞 교회였다. 이 모든 일이 그 교회 때문에 일어났으니 연락을 해야만 할 것 같았다. 급한 불부터 끄자는 마음에 교회로 찾아갔다. 다행히 사모님만 계신 상태였다.

"저 권영숙 씨 아시죠? 제가 남편입니다. 집사람이 일주일째 아무것도 안 먹고 죽어 갑니다. 어떻게 좀 해 주세요."

아무 말씀 없이 이야기를 듣고 계시던 사모님은 일단 가 보자며 따라 나섰다. 같이 오면서도 과연 저 사람이 무슨 일을 할 수 있을까 의심은 됐지만 지푸라기라도 잡는 심정이었다.

방으로 들어간 사모님은 쓰러져 누워 있는 아내를 보자마자 끌어 안더니 눈물을 흘리며 기도를 했다. 얼마쯤 지났을까, 물을 달라는 말이 들렸다. 놀라 물 한 잔을 가져가니 거짓말처럼 아내가 물을 입에 대는 게 아닌가.

순간 마음이 무너졌다. 그간의 인생이 너무 무의미하게 느껴졌다. 아, 그동안 나는 무엇을 위해 살았는가, 가정을 지키려고 그렇게 아등바등하며 살았는데 남편의 말이 아닌 교회 사람의 한마디에 마음을 돌리는 아내를 보면서 지금까지 노력해 온 삶이 아무것도 아니었다는 생각이 들었다.

사모님이 다녀가신 뒤로 아내는 물도 마시고 음식도 먹고 움직이기 시작했다. 반대로 나는 시체가 된 듯했다. 의미 없이 먹고 의미 없이 회사를 다녔다. 살아야 할 이유를 별로 느끼지 못했던 것 같다. 그렇게 얼마쯤 지났을까, 아내에게서 전화가 걸려 왔다. 아내를 다시 일으켜 세운 것이 교회라는 사실이 아직 받아들여지지 않아 껄끄러운 마음이었는데 아내의 말은 더욱 염장을 질렀다.

"여보, 큰애가 좀 이상해요."

"그래서 뭐?"

"아버지학교 다녀오면 방법이 생길 것도 같은데…. 한번 갔다 오면 안 돼요?"

"아니 이만큼 잘하면 됐지 학교는 무슨 학교를 가?"

"그래도 한번 갔다 오면 안 돼요?"

"내가 뭘 잘못했는데? 학교는 뭔 학교! 끊어."

얼마만큼 더 봐줘야 하나 싶은 마음에 분노가 일었다. 그런데도 궁금한 생각이 들어 인터넷으로 아버지학교를 검색해 봤다. 찾아보니 두란노라는 단체의 프로그램으로 교회에서 진행하고 있었다.

'젠장, 또 교회구만.'

교회라면 지긋지긋해 집어치울 생각이었지만 큰애의 상황은 갈수록 어려워졌다. 온갖 입에 담기 힘든 욕을 하고 다녔고 동생과도 문제가 생기는 것은 물론 가는 곳마다 갈등을 일으켰다. 어떻게든 해결해 보려 노력한 방법들은 성과를 거두지 못했고 아무래도 아버지학교라도 가 봐야 할 처지라는 생각에 아무에게도 말하지 않고 찾아갔다.

'그래, 내가 이번 한번 또 속아 준다.'

지난번 교회 갔을 때처럼 삐딱한 자세로 팔짱을 긴 채 앉았다. 줄무늬 티셔츠를 입은 어른들이 참석자들을 챙기고 있었는데 그 모습조차 짜증이 났다. 가증스런 표정으로 웃고 있는 모습이 어찌나 눈꼴 시던지 전반부 강의가 끝날 때까지 팔짱을 풀지 않고 있었다.

이왕 왔으니 끝까지 들어나 보자는 심정으로 후반부 강의를 참석했다. 그때 한 사람이 강의를 시작했다. 자신이 그토록 미워했던 아버지를 이야기하면서 아버지와 어떻게 화해했는지, 어떻게 용서했는지 눈물을 흘리며 이야기를 했다. 그러자 문득 잊고 지내던 나의 아버지가 떠올랐다. 그동안 아버지 없이 잘 살아왔다고 생각했는데, 가

습속에 한으로 묻고 살았던 아버지가 수면 위로 확 떠오른 것이다.

　나를 세상에 태어나게 해 놓고 책임 한 번 지지 않고 술병으로 죽어 버린 아버지, 이런 무책임한 아버지를 닮지 않으려고 그토록 치열하게 살았는데 잘 살고 있는 걸까. 아이들은 아버지의 등을 보고 자란다는데 지금 우리 아이가 이토록 방황하는 걸 보면 내가 잘못 살았던 건 아닐까 온갖 생각이 들었다. 하지만 돌아봐도 나는 열심히 산 죄밖에 없었다. 그렇다면 어떻게 해야 할까 궁금해졌다.

　강사가 꺼낸 마지막 열쇠는 용서였다. 그 말을 듣는데 뭘 알아야 용서를 하지 싶었다. 그러면서 아버지에 대해 정말 모르고 살았단 깨달음이 왔다. 아버지처럼 살지 않겠다고 이를 악물며 이불 뒤집어 쓰고 울기만 했지, 아버지의 삶을 한 번도 생각해 보지 않았단 걸 알았다. 처음으로 아버지의 삶을 떠올려 보는데 신기하게도 한 번도 느껴 보지 못한 감정이 솟아올랐다.

　'아버지…. 당신도 참 힘들었겠다. 나는 그래도 은행이라도 들어와 돈 벌고 사는데 당신은 할 줄 아는 것도 없으니 일자리도 없었을 테고, 아이가 생기지 않아 두 집 살림을 하다가 그 일도 꼬이고 양쪽에서 얼마나 힘들었을까. 그게 괴로워서 그토록 술을 드셨어요?'

　처음으로 아버지와 나눠 본 마음의 대화였다. 그날 마지막 과제로 아버지에게 용서의 편지를 쓰면서 말할 수 없는 자유를 느꼈다. 미움을 쌓아 두고 용서하지 못한 아버지에게 편지를 보내면서 그간 놓지 못한 미움의 끈을 놓아 버렸다고 할까. 표현할 수 없는 희망의 빛이 느껴졌다.

그렇다고 현실이 바뀐 건 아니다. 아이는 그대로였고 여전히 부부 간의 데면데면함도 그대로였지만 배운 대로 현실에 적용하기 위해 노력했다. 뭔가 모를 상처를 입었을 아이에게 용서받고 싶었고 관계 가 회복되길 원했다.

빈껍데기 같던 나의 내면도 달라지고 있었다. 저들은 왜 저렇게 나 같은 사람을 환영해 주고 사랑해 주는 걸까 궁금해졌다. 누군가 의 아버지인 그들의 섬김을 보며 크리스천의 면면이 궁금했다. 아 니, 나도 저들처럼 자유로워지고 싶었다. 그래도 가장 큰 핸디캡이 자 아픔이었던 아버지의 빈자리에 더 이상 연연하지 않을 수 있게 되었다.

아버지학교 과정이 거의 끝날 즈음 막내 누나네로 향했다. 나의 이러한 변화 앞에서 가장 걸리는 사람이 누나였기 때문이다.

나와 가장 가까웠던 막내 누나는 어머니를 대신하여 신내림을 받 고 무속인이 되어 있었다. 부처님 오신 날에는 우리 가족 이름이 적 힌 등을 달고 기도한다는 사실을 알고 있었기에 누나에겐 알 수 없 는 부채감 같은 게 있어 이런 변화를 알려야 할 것 같았다.

갑자기 찾아간 동생의 방문을 반갑게 맞은 누나는 그간 있었던 일 을 들어주었다. 그런데 누나의 반응이 의외였다.

"이 바보야, 뭘 고민하니? 네 아내가 교회 다니는 거 알았잖아. 가 족을 위해 교회를 다닌다는데 너도 당연히 나가야지. 누나가 절에 가서 등을 달고 기도하는 거나 교회 가서 기도하는 거나 같은 거야."

"누나, 그래도 돼?"

"당연하지, 그래도 돼."

무당 누나에게 교회에 나가라는 말을 듣는데 참 자유로웠다. 처음 느껴보는 자유였다. 그제야 그간 무속인의 가족이라는 이유가 신앙생활의 발목을 잡고 있었다는 것을 알았다. 다행히 누나로 인해 뭉쳐 있던 마음이 풀렸고 그 길로 교회로 향할 수 있었다. 하나님은 한 사람의 영혼을 살리시기 위해 무당도 사용하신다.

일요일이 되었다. 제 발로 교회를 가겠다고 나섰다. 교회를 발칵 뒤집어 놓은 당사자의 예배 참석이라니 아내도 긴장이 됐을 텐데 담담히 동행해 주었다. 테러리스트 전적이 있으니, 아무리 강심장이라도 떨리는 방문이었는데 그냥 안면 몰수하기로 했다. 나는 크리스천이 된다는 게 궁금했다. 대체 하나님이 누구시길래 아내를, 우리 가정의 일상을 이렇게 바꾸어 놓았는지 알고 싶었다.

우리 부부가 교회에 도착하니 모두가 긴장하는 표정이 역력했다. 안내 집사님은 두 달 전 방문했을 때 무시하며 쳐다보지도 않던 내가 꾸벅 인사하는 것을 보고 당황했고, 내가 그토록 핍박하며 미워했던 권사님은 눈물을 글썽이면서도 말을 붙이지 못했다.

예배당에 앉았는데 주체할 수 없는 강한 감동이 밀려왔다. 뭐하나 바뀐 게 없는 상황이었는데 처음부터 마지막까지 감동과 은혜가 밀려왔다.

'왜 전데요, 네?'

계속 울면서 이렇게 물으며 예배를 드렸다. 찬양을 드릴 때도 말씀을 들을 때도 기도를 할 때도 눈물이 멈추지 않았다. 아무것도 모르고 예배의 자리에 그저 엎드려 울고 있을 뿐인 나를 주님이 받아 주셨다는 믿음이 생겼다. 그 엎드림에서 확실히 알 수 있는 건 내가 죄인이란 사실이었다.

☼ 나의 계획을 덮는 하나님의 초계획적 섭리

회사 생활하면서 교회 다닌다는 동료나 후배 들에게 농담으로 자주 하던 말이 있다.

"반찬에 따라 기도 시간이 다르네. 고기 나올 때는 기도가 더 길더라."

"왜 오늘은 기도 안 해?"

"오, 어제도 교회 갔다 왔겠네. 하나님이 뭐라셔?"

직장 내에서 사람 좋다고 소문은 났지만 신앙에 대한 불신은 감출수 없었다. 평소엔 최대한 매너를 갖추고 대하면서도 이상하게 신앙 생활하는 모습만 보면 딴죽 걸고 깐족대는 말을 했기에 신앙생활을 하는 후배들은 알게 모르게 내게 핍박받는 사람이 되었다.

이런 내가 교회에 다니게 되면서 차마 교회 다닌다는 말을 하지 못했다. 내가 했던 반응을 그대로 돌려받을 것 같은 두려움 때문이었다. 그러던 어느 날 주일 예배를 드리면서 〈누군가 널 위해 기도하네〉라는 찬양을 듣는데 갑자기 그동안 내가 힘들게 한 이들이 떠올랐다. 교회에 다닌다는 이유로 조롱하고 핀잔했던 이들, 이런 선배를 미워하기보다 기도했을 그들에게 미안한 마음과 함께 그간의 변화를 말해야겠단 생각이 들었다. 다음날 타 부서로 뿔뿔이 흩어진 이들에게 일일이 전화해 부끄럽지만 용기 내어 고백을 했다.

"실은 나, 교회 나가."

"네? 뭐라고요? 과장님이 교회를요?"

"응. 요즘 매주 교회에 나가. 아내랑 같이."

"와, 완전 할렐루야네요."

기대 이상의 반응이었다. 어떤 사람은 함성을 지르며 기뻐했고 어떤 이는 박수를 치며 웃었다. 어떤 후배는 울먹거리며 감사했다. 사과를 전하려다 축복만 받고 끝난 전화 통화에서 하나님의 자녀가 된다는 것이 그 자체로 복이란 사실이 느껴졌다.

교회에서도 그랬다. 교회를 발칵 뒤집어 놓아 유명해진 사람이 변화받아 공손한 사람이 되어 예배하자 만나는 이들마다 손을 내밀었다. 주 안에서 형제가 되는 게 아직은 어떤 의미인지 몰랐지만 뭔가 소속감과 안정감이 느껴졌다.

그럼에도 나는 이제 초신자, 아직 배울 것도 알아야 할 것도 많았다. 지금껏 계획과 노력으로 인생을 바꿀 수 있다고 굳게 믿고 살았던 터라 인간의 계획과는 거리가 먼 믿음의 세계를 이해하는 일은 쉽지 않았다. 이런 나에게 주님은 몇 가지 일들을 기억나게 하고 깨닫게 하심으로 믿음의 세계로 이끌어 가셨다.

하나는 수십 년 전 어리고 배고픈 나에게 잡채밥을 베푼 교회에 대한 기억이다. 가난하고 배고픈 어린아이에게 따뜻한 밥상을 차려 준 교회, 그 따뜻한 교회를 경험했기에 훗날 취업할 때도 결정적인 도움을 받을 수 있었다. 아마 그때 종교를 기독교가 아닌 무교로 써냈더라면 드라마틱한 면접 과정도 없었을 것이고 합격도 요원했을 것이다. 그러고 보니 하나님은 그분의 계획하심에 따라 이미 오래전부터 나를 교회로 이끌기 위해 오늘까지 기다리고 계셨다는 생각이 들었다. '주님은 당신을 기다리고 계십니다.' 전도지에 이렇게 쓰인 문구가 괜한 말이 아니었다.

두 번째는 닉네임에 관한 것이다. 은행에서 일하면서 흙수저 출신인 나는 남들보다 더 많이 노력해야 한다는 생각에 새벽 영어 공부를 시작했다. 실력을 채우고자 시작한 새벽 영어반에 들어가니 닉네임을 정하라고 했다. 미국인 이름에 대해 거의 몰랐기에 막막하던 차에 순간적으로 떠오른 것이 '폴'(Paul) 이었다. 폴은 어릴 때 보던 TV만화 〈이상한 나라의 폴〉의 주인공 이름이다. 이후 폴은 나의 모든 이메일 아이디 등에 활용되었다.

나중에 신앙생활을 하면서 내가 사용한 폴이 사도 바울의 '바울'이란 사실을 알고 놀랐다. 개인적으로 바울의 회심과 사역에 대해 가장 감동과 도전을 받고 있었는데, 내가 그 이름을 사용하고 있었다니, 그 이름을 좇는 신앙으로 이끌어 가시는 하나님의 섭리에 감사했다.

신기한 경험을 기억나게도 하셨다. 아내와 신앙으로 갈등을 겪고 있을 때였는데, 회사 사람들과 회식을 하고 서울에서 일산까지 콜택시를 불러 집으로 오게 되었다. 술기운이 오른 상태로 택시에 올랐는데, 굉장히 고급 택시였다. 뒷좌석에 앉았는데 운전석과 뒷좌석

사이에 레이스 커튼이 쳐져 있었고 내부도 상당히 고급스러웠다. 더군다나 택시 기사는 체격도 외모도 훌륭했고 매우 친절했다. 분위기와 서비스가 훌륭한 택시에 올라 기분 좋게 가는데 눈에 거슬리는 게 하나 보였다. 바로 성경책이었다.

마음이 상한 나는 퉁명스럽게 교회에 다니냐고 물었고 기사는 친절하게 자신의 이야기를 해 주었다. 원래는 뮤지션이었지만 사랑하는 아내와 사별한 뒤 방황하다 하나님을 만나 소망을 갖게 되었다며, 언제 어디든 갈 수 있는 택시 기사가 정말 행복한 직업이라는 짧은 간증이었다.

행복한 택시 기사와의 대화는 큰 인상을 남겼다. 내가 가장 두려워하는 가족과의 이별이라는 상황에서 신앙이 정말 삶의 희망이 되는지 궁금해졌다.

그 후 갈등의 시간을 지나고 신앙을 갖게 되면서 나에게 영향을 준 그 택시 기사가 생각났다. 시간이 그리 오래 흐르지 않았고 워낙 특별했던 택시라 쉽게 찾을 줄 알았는데, 끝내 찾을 수 없었다. 흔적조차 찾을 수 없으니 과연 그 일이 실제로 일어났는지 의심스럽기까지 하다.

어쨌든 이런 비슷한 상황들을 종종 겪으면서 혼란스러웠다. 나는 여전히 계획적인 사람이었고 눈에 보이는 세계를 더 믿었기에 의심이 있었다. 눈물을 흘리면서도 머릿속으로는 계산기를 두드렸고, 은혜를 받으면서도 논리를 운운했다. 하나님의 인도가 아니고서는 설명할 수 없는 일들을 마주할 때도 우연의 일치로 치부하기도 했다.

그런데 하나님은 어린 소년이 장성한 나무가 될 때까지 기다리셨던 것처럼 기다려 주셨고, 나의 계획적인 성향을 하나님의 초계획적인 섭리로 덮으며 의심의 장막을 서서히 거두어 가셨다.

능히 모든 성도와 함께 지식에 넘치는 그리스도의 사랑을 알고 그
너비와 길이와 높이와 깊이가 어떠함을 깨달아 하나님의 모든 충만
하신 것으로 너희에게 충만하게 하시기를 구하노라(엡 3:18-19).

⚜ 다메섹에서 만난 아나니아

예수를 믿는 자들을 핍박하는 데 앞장섰던 사울은 다메섹에서 예수님을 만나 회심한 뒤 사도 바울이 되었다. 기독교인이라면 이 사건을 모르는 이들이 없을 것이다.

교회에 다니며 사도 바울의 이야기를 알게 되면서 나는 바울이 남다르게 다가왔다. 사울이야말로 내 모습이라는 생각에서였는데, 예수를 믿는다는 이유로 가장 가까운 가족을 핍박하고 싫어하고 비난했던 나의 모습이 마치 다메섹으로 향하는 사울의 모습과 같다는 생각에 회개를 많이 했던 것 같다.

그런 사울을 바울로 변화시킨 건 철저히 하나님의 계획이었지만 그 회심의 과정에 사람을 사용하셨다. 바로 아나니아, 그는 사울의 전적도 알고 있었고 돕는 자가 되기를 꺼려하기도 했지만 순종했고

사울이 바울로 변화하는 데 결정적 역할을 했다.

> 아나니아가 떠나 그 집에 들어가서 그에게 안수하여 이르되 형제 사
> 울아 주 곧 네가 오는 길에서 나타나셨던 예수께서 나를 보내어 너
> 로 다시 보게 하시고 성령으로 충만하게 하신다 하니(행 9:17).

35년간 강경한 인본주의자였던 나를 하나님의 자녀로 돌이키게
한 아나니아는 일산주님의교회 김원수, 서정숙 목사님 내외다.

일산에 들어가 살면서 어떻게든 아파트 일대를 발전시켜 잘 사는
동네로 만들어 보자 동분서주했다. 오지랖도 넓어서 동대표를 맡아
설치고 다니던 때였는데, 아파트 단지 한쪽에 자리 잡은 교회는 눈
엣가시였다. 가뜩이나 교회를 싫어하는데 그 교회는 이유는 잘 모르
지만 계속 공사 중이었다. 믿지 않는 사람들이 대부분 동대표였던
터라 어떻게 하면 그들을 내쫓을 수 있을까 고민했다. 목사가 아닌
김 사장이라 부르며 교회가 아파트 단지에 알 박기를 해서 발전을
저해한다고 선동했고 목사의 과거를 캐어 좋지 않은 소문을 퍼뜨리
는 일에 앞섰던 자가 나였다.

그러다가 하나님 앞에 두 손 들고 나오게 된 날, 내가 죄인이었음
을 확실히 깨닫게 되면서 그간의 죄가 마구 드러났다. 하나님의 자
녀가 되면 죄가 명백히 드러나는데, 그것은 매우 현실적이고 직관적
이다. 예수를 믿는다는 이유로 누군가에게 말할 수 없이 상처를 주
고 핍박했던 일, 예수를 믿는다는 이유로 미워했던 일, 누군가를 부

당하게 대한 일 등이다.

이런 회개의 과정에서 제일 먼저 떠오른 사람이 목사님 부부였다. 그분들에게 퍼부은 말과 저지른 행동이 마치 슬로비디오처럼 스쳐 가면서 너무도 부끄럽고 죄송했다. 얼마나 마음의 상처를 입으셨을까 헤아리니 참을 수 없는 죄책감이 밀려왔다. 고개만 푹 숙이고 교회를 다녔다. 내가 할 수 있는 최고의 회개는 하라는 대로 하는 것이라고 생각했기에 교회에 가면 하라는 대로 했다.

목사님 부부는 그런 나를 있는 그대로 받아들여 주셨고 진심을 다해 맞아 주셨다. 교회 나가고 얼마 뒤 세례를 받고 성도가 되던 날, 〰이 머리에 손을 얹고 안수기도를 해 주셨다. 처음으로 받는 〰수기도였다. 키도 크고 체격도 좋으신 목사님이 눈앞에 서 계셨고 무릎을 꿇은 채 기도를 받는데 목사님의 손이 머리에 닿는 순간 따뜻한 기운이 느껴졌다.

"하나님 아버지…."

이 한마디에 그대로 무너졌다. 목소리의 떨림과 울음이 그대로 전달되면서 '아, 이분이 나를 위해 진심을 다해 기도해 주는구나'란 생각과 함께 위로가 느껴졌다. 그러면서 나를 위해 왜 기도해 주는지, 어떻게 자신을 핍박한 이를 이유 없이 받아 주고 사랑하는지 궁금했다. 이 모든 것을 가능하게 하는 신앙이 무엇인지 궁금해졌다. 지금까지 하나를 받으면 하나를 주어야 하는 계산적인 세상, 아니 하나를 받으면 그것을 뺏기지 않으려 애쓰는 세상 속에서 살았던 나에게 목사님은 주님을 아는 삶이란 계산을 포기하고 나누는 것임을 몸소 보여 주셨다.

　누군가 날 위해 기도해 준다는 것이 이토록 기쁘고 안정감이 느껴지는 일인지 깨닫게 되면서 내가 가장 많이 핍박했던 아내를 떠올렸다. 곁에서 가장 큰 상처를 입었고 어려움을 당했던 아내. 아마도 나를 위해 가장 많이 기도한 사람은 아내였을 것이다. 강한 성격에 고집스러운 남편이 무릎을 꿇게 되기까지 얼마나 많은 눈물의 기도를 드렸을지 그제야 가늠이 되면서 회개가 되었다.

　지금껏 느껴 보지 못한 사랑과 위로를 처음으로 맛보면서 이 자유를 어머니에게 선물하고 싶었다. 평생 온전한 사랑을 받지 못하고 신내림이라는 영적인 굴레에 얽매어 지내다가 기억을 잃어가고 있는 어머니에게 복음을 전해야겠다는 생각이 들었다.

　"엄마, 저랑 같이 교회 나가요."

　"…"

　"며느리도 저도 교회 다니고 있어요. 그러니까 같이 교회 가요."

　"… 응."

　이미 치매가 진행 중인 어머니의 정신이 가끔 돌아올 때면 함께 교회 나가자고 했다. 어머니는 크게 거부하지 않고 아들의 말에 귀를 기울였다. 예전 같으면 있을 수도 없는 일이었다. 먼저 믿기 시작한 아내가 어머니에게 교회 얘기를 꺼냈을 때 난리가 났고 장모님이 전한 성경책을 내동댕이칠 정도로 완고했는데 하나님은 어머니도 바꾸어 놓으셨다. 처음엔 아들 부부가 좋다니 당신도 그대로 따르겠다고 하셨고, 목사님 부부가 방문한 이후에는 아멘을 따라하기에 이르렀다. 나보다 훨씬 완고하게 하나님을 거부하던 어머니에게 손을 얹은 목사님은 전심을 다해 기도하셨다.

"주여, 이 외로운 영혼을 불쌍히 여겨 주옵소서."

어머니의 일생을 알고 계신 목사님은 더 이상 기도를 이어 가지 못하고 우셨다. 기구했던 어머니의 인생, 무속에 얽매여 애달프게 살았던 인생에 모두가 흐느끼며 울었다. 순간 어머니도 아멘이라 대답하며 천국 백성이 되셨다. 비로소 우리 가족이 신앙으로 하나가 되는 순간이었다.

안타깝게도 어머니의 기억은 점점 힘을 잃어가고 있지만 그나마 기억이 남아 있을 때 구원받게 하심에 감사하다. 목사님 부부의 노력과 강권이 없었다면 내게 세상에서 첫 번째로 소중한 여인인 어머니가 구원받은 백성이 되지 못하셨을 것 아닌가.

신앙생활을 시작하고 지금까지 목사님은 여전히 신앙의 길잡이가 되어 주고 계시다. 세상에서 쓰던 방법을 신앙으로 끌고 와 시행착오를 겪을 때 옳고 그름을 분별할 수 있도록 도우셨고, 본성대로 앞서갈 때 앞에서 막아 주셨으며, 열심 때문에 상처 받았을 땐 따뜻하게 위로해 주셨다.

하나님께서는 아나니아가 바울에게 안수하게 하심으로 바울의 눈에서 비늘이 벗겨지도록 하셨다면, 목사님 부부를 통해 내게서 신앙에 대한 편견을 벗겨 주셨다. 하나님의 초계획적인 섭리를 보여 주심으로 신은 없다고 확신했던 교만함에서 벗어나게 하셨고, 한없이 사랑하고 인내하며 말씀으로 훈련되는 본을 보임으로 신앙의 균

형을 잡아 주셨다. 특히 하나님은 한 사람 한 사람의 인생에 개입하시며 그분의 나라를 이루어 가심을 말씀을 통해 알려 주시며 나의 인생이 하나님의 철저한 개입과 인도하심의 결과임을 깨닫게 하셨다.

☙ 핍박하던 자에서 무릎 꿇은 자로

교회에 나가면서 주일 약속은 잡지 않았다. 워낙 모든 모임에 빠지지 않고 주도하는 편이라 다들 처음엔 내가 바쁜가 보다 하며 넘어갔지만 시간이 지날수록 몸을 사린다고 생각하는 사람도 생겨났다.

"박 과장, 이번 일요일에 뭐해?"

"일요일이요? 제가 일이 좀⋯."

"그래? 그럼 다음 일요일에 모임 할까? 오랜만에 하루 종일 달려 보자고."

"죄송합니다. 다음 주엔 엄마 뵈러 가기로 해서 나중에 시간 맞춰 보시죠."

솔직히 처음에는 하나님을 믿게 되었다는 사실을 몇몇 사람 빼곤 알리지 못했다. 워낙 전적(?)이 있던 터라 하루아침에 고꾸라진 이러한 변화를 사람들도 이해하지 못할 것 같았고 나 역시 이러한 변화가 일시적인 것은 아닌지 의문이 들었다. 그러면서 누가 시키지도 않았는데 직장에서 술자리 담배 자리는 자연스럽게 거부하게 되었다.

흔들리는 성도의 삶을 살아가고 있는 나에게 목사님은 새신자를 위한 교육을 권했다. 새신자를 위한 '알파(ALPHA)코스'가 있다며 그곳에 꼭 참석했으면 한다고 말씀하셨고, 집으로 돌아온 뒤 '의심병' 환자답게 알파코스가 뭔지 열심히 검색했다.

'알파, 알파가 뭐지? 뭐하는 거지?'

알아보니 교회마다 알파코스라는 훈련 프로그램을 활용하고 있는데, 새신자였던 나로서는 단어도 생소했고 프로그램 진행 방법도 알아들을 수 없었다. 댓글을 확인해서 알아보자는 생각에 댓글을 읽는데, 평범한 댓글은 눈에 들어오지 않았고 초자연적인 체험을 중시하여 의심스럽다는 일부 댓글만 눈에 들어왔다.

많은 댓글 중에 그 글이 눈에 들어온 것도 신기한 일이었다. 아마 의심 많은 나를 꺾으려는 주님의 의지였는지도 모르겠다. 그 글을 읽으면서 마음속으론 또다시 불신의 기운이 솟았다.

'혹시 이단? 내가 그렇게 경계한 부분인데 괜찮을까?'

일정에 참석하기 전까지도 참석을 해야 하나 거부해야 하나 고민했다. 아내는 절대 그런 거 아니라고 말했지만 그것으로 안심이 안되었다. 그때 '직접 눈으로 확인해 보면 되잖아' 하는 생각이 들었다. 지금도 그렇지만 나는 무슨 일을 곧이곧대로 받아들이기보다 의심하는 일이 많은데, 하나님은 이런 나를 아시고 의심으로 끝내는 것이 아니라 직접 경험하고 확인하는 행동력을 주셨다.

그때도 직접 부딪혀서 알아보자는 마음이 생겼고 나름 비장함을 안고 알파코스를 시작했다. 참여해 보니 알파란 Anyone can come(누구나), Learning and laughter(신앙을 즐겁게 배우고), Pasta(함께 먹고), Helping one another(서로 섬기고 존중하며), Ask anything(포용합니다) 이란 의미를 담은 신앙 프로그램이었다.

교제하는 분위기에 익숙지 않았던 나는 한편으론 의심의 눈으로, 한편으론 순종의 마음으로 과정에 임했고 함께 참석한 성도들의 이야기를 듣는 입장이었다. 마음이 열리지 않으니 뭔가 답답한 기분뿐이었는데, 알파코스 거의 막바지에 이르렀을 즈음 나도 모르게 입이 턱 열리면서 내가 어떻게 지금에 이르렀고 현재의 상태는 어떤지 줄줄 고백이 나오기 시작했다. 수도꼭지처럼 눈물이 흘렀다. 평소에는 피도 눈물도 없는 사람인데 교회만 가면 눈물이 나오는 걸 보니 뭔가 이상해도 한참 이상했다.

그날의 따뜻한 정서와 참석한 이들의 위로와 사랑으로 싸늘한 마음이 완전히 녹았다. 특히 알파코스의 간증자로 선 하귀선 사모님의 이야기에 큰 감동을 받았다. 17년간 병을 앓아 온 폐로 찬양을 부르며 목회자 사모라는 어려운 사명에 최선을 다하는 그녀의 이야기는 나를 부끄럽게 만들어 무장해제시켰다. 교회 안에서 서로 손을 잡고 안아 주는 행위에 뒷걸음치던 내가 먼저 다가가 손을 잡고 등을 두드리며 안아 주게 된 것이다. 나를 감싸고 있는 수많은 막 중에 한 겹이 벗겨지는 듯했다.

물론 하나의 껍질이 벗겨졌다고 해서 완전해진 건 아니다. 교회에서 신앙생활이 조금 가벼워지긴 했지만 모든 상황을 순종하며 받아들일 순 없었다. 40년 가까이 살아온 방식이 하루아침에 변화되지 않는지, 목사님 말씀을 들으면 아멘 하다가도 돌아서선 의심이 생겼고 딴죽을 걸고 싶은 마음이 들었다. 그렇다고 이런 마음을 누군가와 의논하고 싶지도 않았다. 자존심이 허락하지 않았다.

이런 상황 속에서 목사님 부부는 인카운터(Encounter) 수련회를 권하셨다. 기도원에서 진행하는 수련회로 깊은 영성을 체험하는 과정이라고 했다. 마음속으로는 의심하고 있는데 이런 훈련이 무슨 의미가 있을까 싶었다. 말씀도 거의 모르고 기도는 더욱 할 줄 모르던 신생아 수준인 내가 과연 변화될 수 있을까 의심스러웠던 것이다. 또다시 의심병이 들었지만 내키지 않은 마음을 애써 누르며 순종하기로 했다.

그렇게 2박 3일간의 수련회가 시작되었다. 알파코스 때와는 달리 소그룹 나눔이 아닌 개인 기도가 중심이 되어, 기도하지 않으면 안 되는 분위기였다. 그 시간이 처음엔 너무 어색하고 막막했다. 어떻게 기도할지 몰라 허둥지둥하며 그저 눈만 감고 있었는데 이렇게 시간을 허비할 수 없다는 생각이 들었다. 기도란 자신의 마음을 그대로 표현하는 것이라고 했으니, 지금 내 마음속 의심을 털어놓기로 했다.

'왜 저예요? 제가 무슨 짓 했는지 아시잖아요, 네?'

여전히 의심하고 있는 나 자신이 한심하여 아직도 오리무중인 마음 상태를 그대로 말했다. 왜 나인지, 왜 나를 부르셨는지 질문하고 또 질문했다.

'주님, 제가 이 교회와 성도들한테, 아니 하나님께 어떤 짓을 했는지 아시잖아요. 그런데 왜 저를 교회로 부르셨어요?'

'저는 찬양도 할 줄 몰라요. 기도는 더 할 줄 몰라요. 말씀? 그건 더 몰라요. 아무것도 모르는 저를 어디다 쓰시려고 부르신 거예요?'

첫날 드린 기도는 질문뿐이었다. 질문은 회개로 바뀌었고 회개 기도가 계속되었다. 하루가 지나고 다음 날이 되자 조금씩 소원이 생겼다. 다른 성도들이 강하게 성령을 체험하는 모습을 지켜보며 나 역시 영적 체험을 통해 주님을 만나고 싶다는 소원이 일어난 것이다. 그것은 노력이나 의지로 되는 일이 아님을 알기에 더욱 간절했다.

수련회가 거의 끝나갈 즈음이었다. 내려가기 바로 전 오전 예배를 드리고 기도를 하는데 갑자기 몸이 이상해졌다. 온몸이 뜨거워지면서 몸을 주체할 수가 없어 픽 쓰러졌다. 알 수 없는 기도가 터져 나왔고 눈물 콧물 할 것 없이 모든 것이 쏟아져 나왔다.

'어? 이게 뭐지? 나 혹시 이상해진 건가?'

그 상황에서도 머리 한곳에선 이런 생각이 오고 갔다. 그러면서도 입에서는 알 수 없는 말이 나오며 통제할 수 없는 눈물이 쏟아졌다. 얼마쯤 그렇게 있었을까. 참석한 성도들이 기뻐하는 모습이 눈에 들어왔다. 마음속으로 소원했던 영적을 체험을 했는데 뭐가 뭔지 몰라 당황스러웠다.

나의 이런 마음을 아셨을까. 수련회에 함께했던 리더 집사님이 나를 꼭 안아 주며 이렇게 말씀하셨다.

"의심하지 말고 그냥 받아들이시면 됩니다. 남들 눈 의식하지도 말고 또 묻지도 말고 나오는 대로 기도하시면 됩니다. 의심하지 마세요."

마치 주님이 하시는 말씀 같았다. 이토록 믿음이 없는 나를 향해 의심하지 말고 주를 믿으라는 강력한 말씀으로 믿어졌다.

'주님, 잘못했습니다. 성령 체험하게 해 달라고 했으면서 제가 또 의심했습니다. 주님을 있는 그대로 믿게 해 주십시오. 아니 그대로 믿겠습니다.'

신앙생활은 끊임없이 시행착오의 연속인 것 같다. 몇 번의 롤러코스터를 타고 주님이 계신 목적지까지 가는 과정인데 아마도 그날 수련회에서 회심하면서 첫 번째 롤러코스터 구간을 지나간 것 같다. 분명한 것은 한 코스의 구간을 지나면 나도 모르는 사이에 한 단계 성숙해진다는 것이다.

의심의 장막이 또 하나 걷혀 가자 좀 더 뜨거워졌다. 자녀로 인한 어려움은 계속되었지만 그 문제에 잠식되지 않으려는 믿음이 생겼고, 교회와 직장 안에서 하나님을 믿고 순종하는 자로 서고 싶었다. 사실 교회를 다니고 난 뒤 얼마간 직장에 교회 나간다는 소리를 못 했다. 그간의 전적(?)이 있었기 때문인데 확실히 주님의 자녀가 되었다는 확신이 생기자 더 이상 숨길 게 없었다. 먼저 신앙생활을 한다는 이유로 내가 핀잔 주고 조롱하던 이들에게 나의 변화를 알렸고 그들의 지지에 힘입어 변화된 나를 있는 그대로 보여 주기 시작했다. 같은 이유로 공격받을 때도 있었지만 이 역시 감내해야 한다는 강단이 생겼다. 이러한 결단으로 결국엔 그들도 나를 다르게 바라보기 시작했다.

교회에서는 아무도 하지 않던 일을 찾아 순종함으로 주님을 향한 믿음을 표현하고 싶었다. 내가 할 수 있는 일이 무엇일까 찾다 보니 눈에 들어온 분야가 바로 사진과 영상이었다. 아무것도 없는 상태에서 하나하나 이뤄 간 교회였기에 사람도 재정도 여러 부분에서 부족한 게 많았는데 그러다 보니 교회 구석구석에서 일어나는 일에 대한 기록이 부족해 보였다. 특히나 사진이나 영상 기록은 장비와 경험 있는 인력이 필요하기에 그 부분에 신경을 쓰지 못하고 있었다. 실력은 없지만 배우고 노력하면 이 부분을 도울 수 있겠다는 마음이 들어 목사님께 말씀드리니 너무도 기뻐하셨다.

이때를 위함이었는지, 아이들을 키우면서 누구보다 열심히 아이들의 일상을 사진과 영상으로 담아 남겼던 터라 이 경험이 토대가 되어 교회에서 사진을 찍기 시작했다. 카메라를 가지고 와서 성도들의 모습을 담고 특히 아이들의 모습을 화면에 담아 냈다. 교회 내 크고 작은 행사엔 무조건 카메라를 들고 가서 사진을 찍어 기록물로 남겼고 송구영신 예배 전에 각 가정에 사진을 나눠 주었다. 카메라 앵글을 통해 한 영혼 한 영혼을 들여다보는 일은 나에겐 흔치 않았던 감사의 기회가 되었다. 그들의 진심을 나도 느끼게 되면서 한 영혼을 향한 하나님의 마음을 깨달았기 때문이다.

아무리 바쁠 때라도 촬영 요청이 오면 시간을 드려 섬겼다. 언제든 갔고 아무리 바빠도 잠시 짬을 내 사진을 찍었다. 무표정한 이들을 위해 기꺼이 망가지고, 좋은 사진을 위해 기꺼이 무릎을 꿇게 하셨다. 한 영혼을 위해 기꺼이 도구가 되게 하시는 하나님의 마음을 점점 느끼게 되면서 비로소 교회의 손님 자리에서 벗어날 수 있었던 것 같다.

🕎 일터에 주신 축복

상품기획개발부서는 은행의 핵심 부서로, 브레인 중에 브레인들로 구성된 부서였다. 적금, 대출상품, 외환상품, 파생상품 등 금융상품 기획은 약관과 법률 서식 등 모든 부분을 공학적으로 계산하고 IT 구현 가능성을 타진하기 위해 시스템까지 완벽히 알아야 하는 등 모든 전문 분야를 아우르는 곳이다. 평범한 은행 업무와 전산 쪽 업무만 집중적으로 맡아 온 나를 그 부서에 배치하는 것은 회사로서도 파격적인 결정이었다.

그간의 업무 실적을 반영했다면 수긍이 안 가는 것은 아니었다. 누구보다 열심히 일했고 완벽한 업무 수행을 위해 끊임없이 공부했던 터라 업무 평가는 늘 월등했다. 덕분에 업무적으로 한 획을 그을 정도의 성과를 내기도 했는데 금융상품기획은 차원이 다른 분야였기에 솔직히 겁도 났다. 그럼에도 상품기획개발부서로 이동을 수락했다. 이전까지는 이러한 문제를 철저히 나 혼자 계산하고 생각하고 판단했다면 이제는 아내를 비롯한 김원수 목사님과 의논하며 결정했다. 여전히 기도할 줄 몰랐고 기도 훈련이 되어 있지 않았기에 믿음의 선배들의 도움을 받아 결정하면 한결 마음이 편했다. 특히 하나님의 이끄심에는 실수가 없다는 말씀이 큰 위안이 되었고 평가와 출세에 연연했던 이전의 태도가 사라졌다는 것이 큰 변화였다.

상품기획개발부서로 처음 출근하는 날, 나도 모르게 도와 달라는 기도가 나왔다. 그도 그럴 것이 나를 향한 곱지 않은 시선이 온몸으로 느껴졌기 때문인데, 기획팀에 있는 수많은 눈들이 '쟤는 뭔데 여기 왔지? 능력도 스펙도 안 되는 사람이 어떻게 여기 들어온 거야?' 라고 말하는 듯했다. 실제 내가 부서원들 한 사람 한 사람 찾아다니며 인사하는 동안 따뜻한 눈길을 준 사람은 거의 없었다. 예상 못한 건 아니지만 그래도 마음은 아팠다.

프로가 모인 부서인 만큼 업무에 대해서도 스스로 파악해야 하는 분위기라 눈에 불을 켜고 기획안을 들여다보고 회의에 참석하여 하나라도 더 들으려 노력했다. 말 그대로 상품기획개발부는 총성 없는 전쟁터였다. 각종 금융상품에 대한 기획안이 올라오고 그것에 대한 살벌한 평가와 현장의 성과 보고에 이르기까지 모든 업무가 성과 위주로 돌아가고 있었다. 회의석상에서 발언할 기회조차 잘 주어지지 않았고 무슨 말을 하려고 하면 대놓고 차가운 반응과 무시하는 눈빛에 주눅도 들었다.

마침 그때 누군가 기획했던 금융상품이 대대적인 관심을 받고 런칭한 상태였다. 내부적으로도 좋은 평가와 보상까지 받은 상품이었다. 부서에 합류한 시점 그 상품이 현장에서 팔리기 시작했는데 조금씩 문제가 발생하고 있었다. 상품을 판매하는 현장에서 컴플레인이 들어오고 고객들의 부정적인 피드백이 들려왔다.

부서 업무에 적응하며 상품 판매를 돕던 나는 이상한 분위기를 감지했다. 들려오는 이야기들이 상품을 운용하는 과정에서 발생하는 문제가 아닌 근원적인 문제였기 때문이다. 안 되겠다 싶어 상품을 취급하는 현장으로 달려갔다. 기획개발부서에서 판매 현장으로 방문해 현장 조사를 하는 일은 그리 흔치 않았다. 판매원들의 사정을 있는지 주의 깊게 들어 보니 확실히 문제가 있어 보였다.

파악한 문제들을 해결하기 위해 본사로 돌아와 타 부서와도 의논하며 대안을 고민하는데 내부의 압박이 녹록지 않았다. 심하게 말하자면 '네가 뭔데 설치고 다니냐?' 하는 투였다. 그럼에도 부서에서는 이 문제를 관리할 책임자, 즉 최전방에서 몸으로 막아 낼 사람으로 나를 세우려 했고 처음엔 단호히 거절했다. 만든 사람 따로 있고 책임질 사람 따로 있는 상황 앞에서 내 앞가림을 택했던 것이다.

문제는 사그라들 기미가 보이지 않았고 오히려 그대로 두면 더 큰 문제로 번질 것 같았다. 게다가 나를 이 부서로 이끌어 준 상사가 모든 책임을 떠안아야 하는 상황에 처하면서 결단을 내려야 했다. 뭔지 모를 압박감이 몰려오면서 이건 예수 믿는 사람으로서 적극적으로 나서야 한다는 생각이 떠나지 않았다. 여전히 이 일터는 우리 가족, 오늘의 나를 만들어 준 기반인데 어떻게든 도움을 주는 게 맞고 그렇게 하는 게 하나님도 기뻐하실 거란 믿음이 생겼다.

그 길로 상사를 찾아가 상품을 새롭게 리모델링하는 일을 맡겠다고 하니 회사에서는 대환영이었다. 잘해 봤자 본전일 테지만 더 이상 출세나 평가에 연연하지 않은 마음 상태였기에 담담히 돕자는 마음이 컸다.

총대를 메겠다는 결심이 선 뒤 상품 판매를 위한 마케팅 회의에 들어가 임원들 앞에 서서 소신 발언을 했다. 기존에 개발된 상품을 진행하는 데엔 문제가 많다, 지점 직원을 비롯한 매장 고객에게 적합하도록 현실에 맞게 수정 보완해야 한다는 발언이었다. 행장님이 특별한 관심을 보이는 상품의 판매 활성화 계획을 발표하는 회의실 분위기가 한순간 차갑게 식었다. 들어온 지 얼마 되지 않은, 그것도 흙수저 출신인 비전문 담당자가 뭘 제대로 알고 하는 소리냐며 비난하기도 했다.

다행히 임원들은 조금 다른 눈으로 바라보았다. 오히려 이러한 지적에 대해 몰랐느냐며 질책하며 분위기를 뒤집었고 앞으로 3개월만 시간을 달라는 나의 제안을 받아들여 주었다.

"박 과장, 당신이 한번 책임지고 상품을 잘 만들어 봐."

그렇게 시작된 상품개발 업무에서 최선을 다했다. 현장에서 들려오는 이야기를 하나도 놓치지 않고 보완하여 잘 팔리는 상품으로 리모델링해서 내놓았고 이후로도 4년 반 동안 상품기획개발 업무에 영혼을 갈아 넣으며 일했다.

다른 건 몰라도 목숨처럼 소중하게 여기던 일터 역시 하나님의 허락하신 곳이라는 사실과 예수님의 일하심을 통해 어떻게 일해야 하는지 배웠기 때문이다. 예수님은 짧은 공생애를 통해 하나님의 뜻에 따라 일하셨다. 가르치고 병을 고치시고 전하시는 일터에서 예수님은 당신을 드러내지 않고 낮은 자로 섬기며 최선을 다하셨다. 인간을 구원하려 이 땅에 오신 예수님은 죽기 위해 최선을 다해 일하셨는데, 하물며 인간인 나는 더욱 최선을 다해 사리사욕 없이 일하는 게 맞았다.

세상을 향한 욕심이 사라지니 일터가 자유로워졌다. 머리 좋은 사람들의 아이디어 자랑 대회라 불리는 워크숍 발표 시간엔 아이디어를 위한 아이디어를 내놓는 이들과 달리 현실적인 아이디어로 빈축을 사는 일을 마다하지 않았고, 업무에서는 남들이 기피하는 일을 자처하며 다르게 일했다.

이러한 바탕에서 기획 개발된 상품이 자동차 대출 상품이다. 자동차 대출 금융상품을 기획 개발하면서 가장 염두에 두었던 것은 IT 전 프로세스의 전산 자동화를 구현하고 실현 가능성을 100%로 끌어올리는 것이었다. 그렇기에 현장을 직접 뛰어다니며 현장의 이야기에 귀를 기울였고 관련자들과 만나 거리낌 없이 물으며 일을 진행했다. 어떻게든 은행과 고객이 함께 혜택을 누리는 데 초점을 맞추다 보니 어느새 자동차 대출 상품에 이어 중고차 대출 상품까지 런칭할 수 있었다.

상품이 출시되자 누구보다 긴장하며 진행 상황을 지켜보았는데, 다행히 현장에서 좋은 피드백이 들려오기 시작했다. 은행과 자동차 구입을 연결시킨 금융상품으로는 거의 유일했고 다른 상품에 비해 조건도 좋았기에 소비자나 판매자 모두에게 유리한 상품이었다. 그해 이 상품을 통해 자동차를 구입한 고객들이 파격적으로 늘었고,

은행으로선 고무적인 성과를 거두었다.

보통 금융상품은 1년 정도를 유통기한으로 잡는데 이 상품은 달랐다. 워낙 선풍적으로 인기를 끌었기에 상품을 업그레이드하고 확장하여 출시했고 그렇게 4년을 이어 갔다. 하나의 상품이 4년간 인기를 유지하는 일은 거의 전무후무한 일이었다. 더군다나 그간 은행장님이 세 번이나 바뀌었지만 그분들도 계속 이 상품을 밀어줄 정도였으니 주변에서 바라보는 시선은 당연히 달라졌다.

"박 과장, 회사에서 상 줘야 하는 거 아냐?"

이런 말이 들릴 때면 은행이라는 조직이 있기에 내가 있고 일이 있는 거라며 대답했다. 사리사욕이 없단 말도 자주 들었다. 사실 4년간 히트한 상품은 금융감독원상을 받을 정도라는 평가를 받던 터라 승진 이야기도 들렸다. 결과적으로 심사기관 내 정치적 영향력으로 인해 미끄러졌지만 상관없었다. 이미 세상적인 상은 그리 중요하지 않았다. 오히려 이 업무를 통해 하나님이 얼마나 극적으로 이 과정을 이끌어 가셨는지 깨닫게 된 게 더 큰 은혜였다. 다양한 부서를 경험하며 고급 교육을 받고 그 모든 요소를 하나에 녹여 내도록 이끄신 과정과 만남 들, 마치 퍼즐조각 맞춰지듯 하나님의 계획하심이 얼마나 오묘하게 완성되어 가는지 희열을 느꼈다.

하나님을 알고 만나는 시간 속에서 주님은 나에게 일터를 향한 마음가짐과 일의 목적에 대해 끊임없이 생각하게 하시며 도전하셨다. 생각지도 못한 일을 해내게 하심으로 일터의 축복도 마음껏 맛보게 하셨고, 잘못된 혹은 미진한 목적을 향해 일이 진행될 때 좌절도 느끼게 하셨으며 무엇보다 먹든지 마시든지 무엇을 하든지 주의 영광을 위해 하라는 명령이 어떤 의미인지 일을 통해 실제적으로 깨닫게 하셨다. 이는 훗날 인생의 터닝 포인트의 기준이 되었다.

> 하나님은 사람이 아니시니 거짓말을 하지 않으시고 인생이 아니시니 후회가 없으시도다 어찌 그 말씀하신 바를 행하지 않으시며 하신 말씀을 실행하지 않으시랴(민 23:19).

🥄 덜 익은 감

뭔가에 꽂히면 직진하는 게 장점이자 단점이라, 신앙생활을 시작하면서도 이것 때문에 시행착오를 겪었다.

한창 은혜를 받고 뜨거울 때, 모든 것에 욕심이 없었다. 자동차 금융상품이 대박이 나고 종전에 없는 히트를 치면서 내부적으로 부부장 승진 이야기가 들려왔지만, 워낙 변수가 많고 회사 정치적 라인이 얽혀 있는 문제라 마음을 비우고 있었다. 다만 회사 차원에서 이 상품을 해외 시장으로 진출시키려 움직이면서 베트남 진출에 대한 꿈을 꾸기 시작했다.

때마침 김원수 목사님께서 처음으로 해외 단기선교를 계획하셨고 나도 선교지에 동행함으로 해외 선교를 경험하게 되었다. 우리 교회 최초의 단기선교팀원이 되었다는 것만으로도 감사했던 나는 복음의 불모지에서 복음의 씨앗이 뿌려지고 열매가 맺히는 과정을 눈으로 보며 큰 감동을 받았다.

체계적으로 준비된 상태도 아니었고 언어도 통하지 않는 곳에서 하나님만 이야기하고 전하자 놀라운 복음의 역사가 일어났다. 튀르키예에서는 노방전도를 통해 알게 된 현지인들을 초대해서 알파코스를 진행하는데 그들의 말을 알아들을 순 없지만 자신의 신앙을 고백하며 울며 기도하는 사람들을 보며 함께 울었다.

미얀마, 베트남, 튀르키예 등에서 단기선교를 경험하던 중 베트남에 갔을 때는 알 수 없는 울림이 있었다. 언어도 재정도 어려운 환경 속에서 어찌 보면 무모하게 사역하는 현지 선교사님들을 보며 저들을 돕고 싶다는 소원이 일어났다. 이른 감이 있지만 선교사로서 헌신할 수도 있겠다는 마음이 들었다.

선교지의 감동을 안고 돌아오니 회사에서 베트남 진출 이야기가 본격적으로 나왔다. 한국에서 인기를 얻은 자동차 대출 상품을, 오토바이가 주요 이동 수단인 베트남에 응용해 출시하자는 계획이 긍정적으로 검토되고 있었다. 이를 위해 베트남으로 출장을 다니며 시장을 조사해 보니 성공 확률이 높아 보였다. 출장 일정 가운데에서도 예배는 목숨 걸고 드린다는 굳은 결심으로 현지 교회를 찾아다니며 예배를 드렸다.

재밌는 일도 있었다. 한번은 주일에 예배드릴 교회를 도저히 찾을 수 없어 오토바이 기사에게 물어물어 교회로 가 달라고 했다. 서툰 영어로 소통하다 보니 기사는 'church'란 말만 듣고 오케이를 외치며 한참을 달려갔다. 아무리 기독교 국가가 아니라지만 이런 산골짜기에 교회가 있을까 싶었는데 웬 산중턱 사원에 내려 주었다. 알고 보니 베트남에서는 교회나 사원이나 종교의 회당을 같은 단어로 쓰고 있었다. 할 수 없이 불교 사원 한쪽 구석에서 인터넷으로 한국 예배를 드리다가 돌아온 일도 있다. 그 정도로 예배는 빠지지 않으려고 인간적인 노력을 했다. 그땐 그게 열심이라고 생각했고 그러면 된다고 생각했던 것 같다.

이렇게 베트남을 자주 다니다 보니 '혹시 이것이 하나님의 뜻인가?' 생각이 들기 시작했다. 베트남이라는 나라가 나에게 열린 것도 그렇고, 베트남 선교에 대한 소원이 생긴 것도 그렇고, 아이들의 교육 문제가 해결되지 않은 상황도 그랬다. 성장통을 심하게 앓던 첫째는 여전히 한국의 교육 환경에 적응하지 못했고 기독교 대안학교를 보내도 봤지만 여전히 방황 중이었다.

모든 상황이 한국은 아니라고 말하는 듯했다. 이런 상황에서 하나님께 더욱 치열하게 물었어야 하는데 그러지 못했다. 하나님의 뜻을 뜨겁게 추구하는 게 아니라 사람들 보기에만 열심이었다. 조용히 기도의 자리로 가지 못했고 말씀에 귀 기울이지 못했으며 그저 보이는 예배에만 열을 올렸던 것이다.

베트남이라는 나라에 한 번 꽂히자 모든 상황이 그쪽으로 맞춰졌다. 계획은 이랬다. 회사에서 추진하는 해외사업팀에 속해 베트남에 가서 직업 선교사로서 현지 선교를 돕고, 한국에 적응하지 못하던 아이들은 베트남 국제학교에서 교육을 받게 하여 모든 상황을 안정적으로 정리하는 것이다. 이 계획이야말로 하나님도 좋아하실 것 같고 우리에게도 좋아 보였기에 의심하지 않았다. 설마 주님의 일을 하겠다는데 막으실 리가 없을 거라고 생각했었다.

때마침 우리 부서에 베트남 현지 여직원이 오게 되었다. 부서에서 진행하는 해외사업을 지원하러 파견 나온 현지 직원인데 그 여직원을 보면서 확신은 커졌다. 현지에서 홈스테이가 해결된 것이 마치 응답인 양 생각하며 차근차근 준비를 이어 갔다.

그런데 거기까지였다. 모두가 될 거라 생각하던 베트남 주재원행이 계속 미끄러졌다. 그간의 업무 실적이나 베트남 사업에 대해 타당성을 조사하고 추진할 인력으로 인정받고 있었음에도 마지막 능선을 넘지 못하고 매번 고배였다. 회사에서는 해외사업도 중요하지만 국내에서 일을 계속 진행할 사람이 더 중요하다는 취지로 나를 계속 주저앉혔고 나는 마음이 조급해졌다.

불편한 마음도 슬슬 생기기 시작했다. 하나님은 왜 길을 열어 주지 않으실까 답답했다. 나중에 알고 보니 임기를 얼마 남겨 두지 않은 책임자가 놓아 주지 않았다고 한다. 혹시라도 업무 인력이 비는 것을 원치 않았던 탓이다.

그렇게 1년의 시간을 기다리는데, 많은 생각이 오갔다. 처음에는 조금 기다리면 되겠지 싶었고 왜 안 될까 의심하다가 나중에는 베트남을 향한 길이 열리지 않는 데에는 이유가 있지 않을까 싶었다. 물론 그때까지만 해도 나의 계획이 하나님의 뜻을 앞서고 있다는 생각은 못했다. 그저 혹시 다른 길이 있는 건 아닌가 생각이 들었다.

그러는 동안 회사 근속 20년차가 되면서 근속패를 받았다. 20년간 한 직장을 다닌 공으로 금 열 돈을 선물로 받는데 문득 '회사 생활하면서 내 것이 있었나' 하고 돌아보니 아무것도 없었다. 다른 사람보다는 깊은 애사심으로 회사 생활을 해 왔음에도 이 조직에서 나의 것은 아무것도 없다는 허무감이 들었다. 아마 베트남행이 좌절되면서 마음이 상했던 것 같다.

문득 내 것을 갖고 싶다는 마음이 생겼다. 꼭 이 회사가 아니더라도 내가 세운 계획을 실행할 곳이 있을 것 같았다. 교만이었다. 그 마음을 품는 순간 또 다른 계획이 머릿속을 헤집고 있었다. 못 말리는 '계획증'이었다.

며칠 뒤 상급자를 찾아가 마음을 털어놓았다. 지금까지 이끌어 준 고마운 분으로, 회사를 그만두고 내 일을 하고 싶다는 말을 듣더니 단번에 오케이를 했다. 당연히 퇴사를 말릴 줄 알았는데 그러지 않았다. 결국 말 한마디로 퇴사 처리가 되었다.

베트남길이 끝내 열리지 않은 이유는 한참이 지난 뒤에야 알 수 있었다. 아이 교육 문제로 캐나다에 가게 되었다가 토론토에서 열리는 집회에 참석했을 때였다. 한센병 환자를 돕고 있는 선교사님이 간증을 하시는데 이야기를 듣는 내내 너무도 회개가 되었다. 오로지 예수의 사랑을 전한다는 이유로 아무도 돌보지 않는 한센병 환자들을 끌어안고 씻기고 사랑을 나누는 그들의 삶을 들으며 과연 나는 저렇게 할 수 있는가 생각하니 아니었다. 해외선교라는 허울 좋은 명분 아래 직업선교를 하며 낮은 자를 섬기겠다고 장담했던 내 모습이 부끄러웠다. 순수한 마음이 아닌 사심과 열심이 가득했던 것이다.

'아, 나는 준비가 안 되었구나.'

나는 덜 익은 감이었다. 감이 익으려면 시간이 필요하듯, 나도 제대로 변화하기 위한 시간이 필요했던 것 같다. 겉으로만 뜨겁고 속은 채워지지 않은 설익은 믿음이었기에 주님은 내가 익어 가도록 롤러코스터 같은 시간 속으로 나를 이끌어 가셨다.

내가 가는 길을 그가 아시나니 그가 나를 단련하신 후에는 내가 순금같이 되어 나오리라(욥 23:10).

3. Turn Right

오른쪽으로
그물을 던지다

🏵 장칼국수와의 만남

가난했던 어린 시절 제일 기다려지는 날은 국수 끓여 먹는 날이었다. 어머니가 200원을 주면서 국수를 사 오라고 하면 가게로 가는 내내 기분이 좋았다. 국수는 양이 푸짐하여 여럿이 함께 양껏 먹을 수 있기 때문에 가족이 모두 모여 밥을 먹는 날이구나 싶은 생각에 한껏 들떴던 것 같다.

소면 한 다발을 사 오면 어머닌 커다란 양은 냄비에 물을 펄펄 끓이다가 고추장을 한 주걱 푹 떠 넣고 감자와 야채 들을 숭덩숭덩 썰어 넣었다. 구수한 냄새가 코를 찌를 때 국수를 후루룩 넣고 휘휘 저어 끓여 내면 장칼국수가 뚝딱 완성되었는데, 가족이 둘러앉아 한 그릇씩 먹을 때의 따뜻하고 풍성한 기운을 잊지 못한다. 이게 장칼국수에 대한 나의 추억인데, 하나님의 계획표 속에 이 음식이 있을 줄은 꿈에도 몰랐다.

20년 넘게 다니던 은행을 하루아침에 그만두었을 때까지만 해도 베트남에서 사업을 하게 될 줄 알았다. 이미 직장에서 베트남 자동차 금융을 설계하고 시스템을 구축하는 일을 했기에 퇴사 후에는 이를 활용한 사업 계획을 야심차게 세웠다. 당시 베트남의 도시 호치민은 소비가 소득을 끌고 갈 정도로 소득 수준이 높았다. 화려함을 추구하는 젊은이들이 월급 30만 원을 받으면서도 수백만 원짜리 오토바이를 구입하는 소비 습관 때문에 사금융이 활개를 치고 있었기에, 금리 10%대의 자동차 금융상품을 도입한다면 충분히 승산이 있었다. 특히 상품개발부에서 일하면서 네트워크를 단단히 형성해 놓았으니 은행과 소비자를 연결하는 중간 매체로서 사업을 시작하면 될 거란 판단이 섰다.

그러면서도 혹시 모를 경우, 예비책도 세워 놓았다. 직장인들이 퇴사 후에 가장 많이 한다는 음식 장사를 퇴사 이전에 시작한 것인데, 큰누나가 유명 식당에서 일하고 있었기에 요식업에 거부감이 없었다. 음식 솜씨 좋은 막내 누나와 함께 장사를 시작하면 되겠다 싶어 누나에게 제안했고 일산 가좌마을 근처 주택가에 자리를 얻었다.

메뉴는 대구뽈찜 식당에서 일하고 있는 큰누나의 도움을 받을 요량으로 대구뽈찜으로 정했다. 그런데 식당을 운영할 막내 누나가 경험을 미리 쌓겠다고 삼겹살집에서 일하면서 그곳에서 장칼국수를 후식으로 내놓는 것을 본 뒤 우리 가게에도 접목시켜 보자는 의견을 주었다.

'아…, 장칼국수!'

어린 시절 즐겨 먹던 장칼국수 이야기를 꺼내자 신세계를 발견한 듯 눈이 뜨였다. 한참 우리나라 브랜드가 알려지며 한국을 방문하는 외국인들도 많아지는 시기였다. 장칼국수도 강원도의 전통 음식인 동시에 고추장을 사용하므로 한국을 대표하는 음식이 될 수 있겠다 싶었다.

오픈 전 막내 누나가 시범적으로 조리해 온 대구뽈찜과 장칼국수를 시식하는데, 대구뽈찜이야 아는 맛이었지만 장칼국수의 맛이 일품이었다. 일반 칼국수와는 달리 고추장에서 느껴지는 구수하고 묵직한 맛을 그대로 담고 있었기 때문이다.

그 길로 장칼국수는 대구뽈찜과 함께 식당의 대표 메뉴가 되어 우리는 '장칼국수 & 뽈찜' 식당을 열게 되었다. 실제적으로 가게 운영은 누나가 하고 나는 명목상으로만 주인이었기에 처음엔 장사에 대한 큰 기대도, 열심도 없었다. 그때까지만 해도 사업이 1순위라 음식점은 누나에게 일임하고 베트남으로 향했다.

나름 계획도 치밀하게 짰고 현지 네트워크도 잘 형성했다는 마음에 자신 있게 사업을 추진했는데 현실은 생각과 너무 달랐다. 얼마 전까지만 해도 업무로 끈끈한 관계를 맺었던 이들이 막상 내가 회사를 나와 사업을 추진하자 냉담한 태도를 보였고 사업 아이템에 대한 반응도 차가웠다. 어떤 사람은 아예 만나 주지도 않았다. 은행의 담당자였던 나와 퇴사한 나를 대하는 태도가 180도 달라진 것이다.

쓸쓸한 현실이었다. 대환영은 아니어도 적어도 만나는 줄줄 알았는데 그것조차 어려웠다. 이러한 현실 앞에서 사업은 요원해졌다. 첫 스텝부터 꼬이는구나 싶어 일단 일보 후퇴하자는 마음으로 돌아왔다. 심기일전하여 다시 도전하겠다는 의지에는 변함이 없었고 베트남으로 길이 열리리란 기대를 하고 있었다.

한국으로 되돌아오면서 머릿속은 더욱 비상하게 돌아갔다. 잔머리를 굴리는 습관이 여지없이 가동된 것인데, 그나마 다행인 것은 예비책으로 마련해 놓은 식당이 있다는 사실이다. 그나마 얼마간의 퇴직금과 대출금을 합해 차린 음식점이 최소한 가족의 생계는 책임질 수 있겠거니 막연하게 생각했던 터라 패잔병의 마음은 아니었다.

일단 음식점을 운영하며 후일을 도모하기로 했는데, 차려 놓은 식당을 가보니 더 큰 문제가 기다리고 있었다. 장사가 너무 안 되는 것이다. 개점할 때만 해도 직장 동료며 지인 들이 일부러 와서 팔아 주곤 했는데 개점 효과가 사라진 후부터 거의 파리만 날리고 있었다.

처음에는 아직 알려지지 않았으니 나아지겠지 싶었지만 시간이 지날수록 초조해지기 시작했다. 계산이 빠른 나로서는 시작할 때부터 손익계산은 물론 마지노선까지 정해 놓고 있었는데 그것에 한참 미치지 못하고 있었다. 음식 맛은 객관적으로도 훌륭했다. 가게를 얻는 과정에서 재정 상황에 맞추다 보니 유동 인구가 많은 곳을 선택하지 못했다는 한계는 있었지만 그걸 감안하고도 상황은 심각했다. 그러다 세월호 사건이 터졌고 전국은 초상 분위기에 가게는 무너져 갔다.

장사가 어려워지면서 누나와의 관계도 삐걱거렸다. 음식을 직접 만들지 않고 카운터 일만 보며 관리하는 나와 직접 조리하는 누나 사이에 묘한 기류가 흐르면서 감정의 갈등으로 이어졌다. 누나 딴에는 잘해 보려 딸까지 데려와 돕게 했는데 오히려 그것이 분란이 됐고 결국 막내 누나는 여섯 달 만에 결별을 선언하며 나갔다.

아무 대책 없는 나와 아내만이 고스란히 식당에 남겨졌고 그때부터 장칼국수와의 치열한 한판승이 시작되었다.

🏵 억대 연봉자에서 빈털터리 사장으로

점심시간이 한창인데 가게는 한 테이블만 겨우 유지하고 있었다. 그나마 우리 교회 성도가 팔아 주러 오신 건데 그게 감사하면서도 속이 상했다. 어쩌자고 좋은 직장을 때려치우고 나와 고생을 사서 하고 있나 싶은 자괴감도 들었다.

몇 천 원 하는 장칼국수 한 그릇 팔기 위해 새벽같이 일어나 준비하고, 하루 십만 원 매상을 올리는 일이 버거워 천 원 지폐에 달달 떨고 있으니 예전이 좋았구나, 예전으로 돌아가고 싶다는 생각을 몇 번이나 했다. 이 모든 상황을 고스란히 감내하면서 울며 기도하고 있는 아내를 볼 면목도 없고 부족함 많은 집사에게 어떻게든 도움을 주려 하는 교회 가족들에게도 미안한 마음이 컸다.

가게는 몇 달이 지나면서 총체적 난국에 빠졌다. 가뜩이나 어려운 가게에 주방장까지 빠져, 나와 아내만 가게를 지키면서 장사를 접어야 하는 기로에 놓인 것이다. 더군다나 베트남 사업에 미련을 버리지 못하고 새로운 길을 모색하고 있는 와중에 장사가 발목을 잡는다면 큰일이었다.

'하나님, 대체 이게 뭔가요?'

하나님의 인도하심이 도무지 이해가 되지 않았다. 그래도 믿음을 가지고 일을 벌이고 있는데 계속 문이 닫히고 있다는 생각에 마음이 편치 않았다. 목사님을 비롯한 교회 성도들이 이런 상황을 안타깝게 여기시며 온 교회가 장칼국수 가게 살리기에 혈안이 되었다. 송구하고 자존심도 상했다.

'장사를 접어야 하나?'

'사업을 계속 밀어붙여야 하나?'

'장사의 꽃도 피워 보지 못했는데 이렇게 접는 게 맞나?'

답을 알 수 없는 상황에서 계속 자문자답하는데, 아무리 생각해 봐도 장사를 접고 베트남으로 가는 건 맞지 않은 듯했다. 자의 반 타의 반으로 가게를 맡게 되었으나 뭐가 됐든 해 봐야겠다는 생각이 들었다.

그날로 앞치마를 두르고 주방으로 들어갔다. 이미 누나가 어디서든 흉내 낼 수 없는 육수를 만들어 놓았기에 그 맛을 똑같이 내는 훈련을 하면 된다는 심정으로 주방으로 뛰어들어 간 것이다. 그동안 회사 엠티 주방장으로 활약하면서 요리사 흉내를 냈던 경험을 끌어모아 육수만 밤낮 끓였다.

장칼국수 육수의 화룡점정은 고추장이다. 양을 얼마나 넣느냐에 따라 칼칼함과 텁텁함을 가르기에 주방에서 하루 종일 지내며 불 앞에서 씨름했다. 다행인지 불행인지 손님이 없어서 주방에서 음식 조리 훈련은 원 없이 했던 것 같다.

아내와 둘이 가게를 운영해야 했기에 음식 담당은 내가, 홀 관리는 아내가 맡아 새롭게 정비를 해 나갔다. 그동안 장사가 안 된다는

이유로 시도했던 여러 메뉴도 접고 오로지 대구뽈찜과 장칼국수로
만 승부를 걸어 보기로 했다.

열다섯 시간 주방에 들어가 고군분투하며 체중은 15킬로그램이
빠졌지만 상황은 나아지지 않았다. 하루 종일 몇 그릇 팔기 힘든 날
도 많았다. 그나마 매출이 조금 되는 날은 교회에서 회식을 한다거
나 소그룹 모임으로 가게를 찾아 주는 날이었다. 목사님은 아예 우
리 가게 광고를 하시기도 하셨다. 부끄럽고 민망해서 고개를 들 수
도 없었지만 그런 도움이 절실했던 것도 사실이다. 형편없는 하루
매출을 지켜보며 계산하는 걸 아예 포기하기도 했다. 적자를 메울
방법이 없다는 절망감에 의지가 꺾였다.

한번은 하도 장사가 안 돼서 옆 가게 사장님에게 물었다.

"사장님, 왜 이렇게 장사가 안 돼요?"

"아, 오늘? 오늘이 그날이잖아요."

"그날이요? 어떤 날인데요?"

"카드결제일요. 원래 카드결제 날은 손님들이 없어."

처음엔 일리가 있다고 생각했다. 뭔가 일이 안 풀릴 때 원인을 찾
게 되고 그 원인이 납득될수록 위안을 받는다. 그런데 아니었다. 얼
마 뒤에 또 다른 가게 사장님에게 장사가 안 돼서 힘들다는 이야기
를 하니 이런 대답을 내놓았다.

"지금 3월 초잖아요. 학부모 모임이 아직 이루어지지 않아서 그래요."

이후로도 몇몇 사람에게서 장사가 되지 않는 이유를 들었다. 비가
와서, 날이 흐려서, 경제가 좋지 않아서 등등 이런 각종 이유를 들으

며 좌절했다.

하루는 주방에 들어가 야채를 다듬고 있는데 나도 모르게 눈물이 주르르 흘렀다. 은혜를 받은 것도 아닌데, 그렇다고 양파를 까고 있었던 것도 아닌데 왜 이럴까 싶었다. 너무 초라해 보였다. 낮은 의자에 앉아 과연 이 야채를 오늘 내에 소진할 수 있을까 걱정하며, 너무 비싼 값에 야채를 떼 왔나 싶어 500원 더 깎을 걸 잘못했다며 자책하는 스스로가 너무 비참하게 느껴졌던 것이다.

포기하고 싶은 마음에 주방에 쭈그리고 앉아 한참을 울다가 장사를 마치고 예배를 드리러 교회로 나갔다. 의지가 꺾인 채 앉아 있는데 문득 내면에서 '너 얼마나 절박하니?' 하는 소리가 들리는 듯했다. 주님이 나의 절박함을 만지고 계시다는 느낌, 마치 잊고 있던 절박함을 떠올리라는 사인 같았다.

그러고 보니 절박함을 잊고 살았다는 깨달음이 왔다. 사실 나는 늘 절박한 삶을 살아왔다. 은행이라는 안정적인 직장에서 일할 때도 열심을 넘어 절박하게 일했다. 조직에 보탬이 되는 일이라면 꾀부리지 않고 다른 사람이 보든지, 보지 않든지 최선을 다했다. 어떤 일을 하든지 '안 되면 안 된다'는 절박감을 안고 임하니 그만큼 결과도 따라왔던 것도 사실이다.

그런데 빈털터리 사장이 된 지금은 어떤가. 누구보다 더 절박한 상황이라 절박한 심정으로 일해야 하는데 이렇게 핑계 무덤에 주저앉아 울고 있는 건 주님이 원하는 모습이 아니란 생각에 정신이 번쩍 들었다.

그 길로 일어나 가게로 향했다. 진짜 절박하게 일해 보자는 의지를 불태우는데 문득 은행 업무가 떠올랐다. 고객을 상대로 한 마케팅, 그동안 주방에만 신경 쓰느라 미처 돌아보지 못한 마케팅을 해보자는 생각에 이르렀다.

우리 식당은 일산의 번화가가 아닌 주택가에 위치했고, 음식 이름도 많이 생소했다. 이를 알리는 게 우선이었다. 마케팅 비용도 없었기에 가장 효율적으로 가게를 알릴 방법을 고민하다가 어차피 가게에 차량이 필요하니 승합차를 빌려 낮엔 마케팅용, 새벽엔 식자재구입용으로 사용하기로 했다. 일종의 차량 광고를 한 셈이다.

일단 일산에 거주하거나 일산을 통해 이동하는 사람들을 대상으로 삼아야 하니 가장 많은 사람이 움직이는 버스 정류장으로 차를 끌고 갔다. 차량 한쪽을 현수막으로 장식하고 다른 한쪽도 간판을 용접하여 이동식 광고판을 만든 뒤 잘 보이는 곳에 몇 시간 동안 주차시켜 놓고 무조건 알리는 데에만 신경 썼다.

그리고 난 뒤 장사를 시작할 시간이 되면 식자재 마트로 가서 필요한 재료를 구입한 뒤 가게로 가서 오후엔 육수를 만들어 놓고 저녁 10시까지 장사한 뒤 다시 번화가로 가서 차량 광고를 했다. 그렇게 몇 달을 차에서 쪽잠만 자고 다녔다.

큰 효과는 없었다. 음식 광고는 광고만으로 되는 게 아니라 먹어본 경험이 있어야 고객이 움직이는데 여전히 장칼국수를 경험한 이들이 적은 탓인지 효과는 미미했다. 그러나 얻은 것도 있다. 베트남 사업에 대한 마음을 접게 하셨고 요식업에 대한 절박함을 회복시켜 주신 것이다.

지금도 예비 창업인이나 소상공인 들과 만나며 소통할 때 강조하는 건 절박함이다. 많은 사람들이 대박을 꿈꾸며 사업을 시작하는데 그보다 앞서야 하는 건 절박함을 품는 것이다. 절박함이란 단순히 소원하는 마음이 아닌 이것 아니면 안 된다는 간절한 마음이다. 불의한 재판관에게 끝까지 간청하여 원한을 푼 여인처럼 매달리는 자세가 바로 절박함이다. 그 절박함이 필요하다.

주님은 내가 요식업이라는 제2의 삶을 살게 하시면서 어려움 속에서 절박함을 떠올리게 하셨다. 감사하게도 그 마음가짐이 지금도 지속되고 있기에 절박함을 뚫고 나오는 하나님의 방법을 경험하고 있다.

> 내가 너희에게 말하노니 비록 벗 됨으로 인하여서는 일어나서 주지 아니할지라도 그 간청함(귀찮게 함)을 인하여 일어나 그 요구대로 주리라(눅 11:8).

☸ 말씀에 스며듦

일산에서 시작한 장칼국수집은 몇 달 동안 고군분투를 했으나 크게 개선되지 않았다. 음식 맛을 타박하는 이들은 없었고 먹어 본 이들의 평도 나쁘지 않았으나 가게를 찾는 손님이 많지 않았고 뭔가

벽에 가로막힌 듯 답답한 시간이 이어졌다.

하루 종일 가게 일에 매달려 일하면서 날이 갈수록 초췌해져 가는 모습을 본 주변 사람들은 걱정을 많이 했다. 성인 옷 사이즈가 맞지 않아 주니어 옷을 찾아야 할 정도로 살이 빠졌고 얼굴엔 늘 피곤을 달고 살았다. 그럼에도 교회 일에는 빠지지 않고 최선을 다했다. 사진 영상으로 수년째 섬기는 일이 쉬운 건 아니었지만 그래도 교회 일의 잡사(?)를 자청하며 기록을 남기는 일을 하니 여기저기서 찾아주어 감사했다. 그러다 보니 아마추어였음에도 시간이 경력이 됐는지 사진이나 영상의 수준도 어느 정도 올라온 상태였다.

사진은 찍는 것도 중요하지만 보정을 해서 기록으로 남겨 두는 작업도 중요한데 작업량이 꽤 되기에 평소에도 짬을 내어 틈틈이 사진 보정을 하곤 했다. 그러던 어느 날 사진 현상소를 운영하는 친구가 연락을 했다.

"영산아, 지금 강남에 괜찮은 웨딩 스튜디오가 나왔어. 우리 거래처인데 작업량도 어마어마해. 너 이쪽 일을 계속해 왔으니 스튜디오를 한번 해 보는 건 어때?"

그 말을 듣는데 가슴이 찌릿했다. 장칼국수집은 여전히 오리무중 상태, 앞으로 장사가 얼마나 잘될지 알 수 없는데 기가 막히게 웨딩 스튜디오를 인수할 기회라니, 귀가 번쩍 뜨였다. 들어보니 인수 조건도 그리 나쁘지 않았다. 무엇보다 현재 운영 중인 스튜디오이고 시설이나 거래처까지 고스란히 넘겨받으면 되니 일에 대한 부담도 거의 없다는 것.

가슴이 떨렸다. 주님이 이렇게 길을 예비하시는구나 싶었다. 과연 교회 일을 열심히 하니 이런 보상도 따른다고도 생각했다. 인수 비용도 가게를 처분하고 좀 더 빌리면 얼추 맞을 듯했다. 모든 조건이 들어맞는다는 착각 속에 며칠 동안 구름 위를 걷는 기분으로 다녔다.

생고생하며 육수를 끓이고 야채를 다듬던 가게 일을 며칠간 작파한 채 스튜디오 인수를 위해 바쁘게 뛰어다니는 와중에도 아내는 기도를 충분히 해 보자고 했고 나는 '당신이 기도해. 나는 계획대로 진행할게'라고 일축했다. 예배로도 충분하다고 생각했던 터라 언제 시간을 내어 기도하고 기다리나 싶기도 했다. 마음이 급해져 교회로 달려가 알렸을 땐 다들 긍정적인 반응을 주었다. 겉으로 보이는 내 의욕 충만한 모습에 호응했을 뿐인데 내겐 그것조차 시그널로 보였다.

스튜디오 인수 건은 착착 진행이 되었고 더군다나 그곳 스튜디오에서 일하는 실장 한 명과도 연결이 되었다. 실무자가 필요했던 나로서는 그가 함께 일한다면 더할 나위 없이 좋았는데, 마침 이야기를 나눠 보니 그 역시 크리스천이었다. 뭔가 잘 풀리는 듯한 기분에 취해 그와도 함께하기로 의기투합했다.

인수를 하루 앞둔 날, 그래도 고객 관리 차원에서 미리 인사를 하는 게 좋겠다는 마음에 스튜디오 실장에게 연락했다. 거래처에 메일을 보내 미리 인사하자고 제안했고 실장은 그렇게 하겠다고 대답했다. 그런데 다음날 걸려 온 전화에 너무도 놀랐다.

"박 대표님, 인수 그만두시죠."

"무슨 문제라도 있습니까?"

"어제 이메일을 보낸 게 신의 한 수였습니다. 지금 거래처에게서 답변이 왔는데, 이 상황을 전혀 모르고 있어요. 이전 사장이 거래 중단하겠다고 메일을 보냈더라고요. 지금 거래처들이 무척 화가 나 있는 상태입니다."

고정 거래처 없이 스튜디오를 인수하는 건 너무도 위험 부담이 크다며 여기서 멈추라는 충언을 해 주었다. 머리를 한 대 세게 맞은 기분이었다. 순간 '내가 잘못 생각했나?', '뭐가 잘못된 거지?' 수많은 생각들이 오갔는데 분명히 알 수 있었던 건 '하나님이 막으셨다'는 사실이었다. 기도해 보자는 아내의 말을 무시했던 것부터 하나님께 묻지 않았다는 죄책감이 밀려왔다. 이런 성급함을 질책하실 만도 한데 주님은 당신의 자녀가 진흙탕에 빠지는 것을 우선 막으셨던 것이다.

그 길로 주방으로 들어가 장칼국수를 끓였다. 펄펄 끓는 국수를 휘휘 저으며 그간 나의 성급함이 너무 부끄러워 참을 수가 없었다. 절박하게 일하라는 믿음을 주셨고 그렇게 해 오다가도 눈에 보이는 것에 혹해 금방 흔들렸던 연약한 모습이 한없이 한심했고 후회가 되었다. 그러면서 이 길을 정말 가야 하는지 혼란스러웠다.

그즈음 김원수 목사님이 큐티 예배를 드려 보라 권면했다. 사실 큐티에 대해서는 목사님을 통해 귀가 따갑게 듣고 있었다. 두란노에서 출판하는 큐티지 〈생명의 삶〉 창간 세미나에 참석하셔서 영감을 받으신 뒤로 성도들에게 설교 때마다 말씀 묵상을 강조해 오셨다. 오히려 그래서 반감을 갖고 있었다. 예배만으로도 신앙생활이 충분하다고 생각했던 때라 말씀 묵상의 중요성을 몰랐던 탓이다.

아내의 말과 목사님의 말도 가볍게 무시하고 지냈는데 가게 상황이 지지부진한 상황이 이어지면서 나도 모르게 〈생명의 삶〉을 펼치게 되었다. 결국 영업 시작 전, 매장에서 아내와 주방 일을 돕는 청년 셋이 큐티 모임을 시작하게 되었다. 방법도 모르고 말씀을 삶에 적용해서 나눈다는 게 익숙지 않아 어떤 날은 아내 혼자 말하다가 끝나기도 했는데 하루 한 장 말씀을 묵상하고 이야기를 나누는 시간이 익숙해지기 시작했다. 그러다 편안해졌고 좋아졌다. 마침내 마음의 문을 열고 서로의 마음을 고백하는 시간으로 이어졌다.

부끄럽지만 그들 앞에서 나의 성급했던 모습과 노력만으로 밀어붙이려는 마음을 고백했고 우리는 울며 기도했다. 그렇게 하루를 시작하니 일을 대하는 자세도 달라졌다.

어느 날 주방에 앉아 야채를 손질하고 있을 때였다. 여전히 장사는 어려웠기에 몇 백 원이라도 아끼기 위해 까놓지 않은 쪽파를 잔뜩 쌓아 두고 눈물 흘리며 다듬고 있는데, 갑자기 '사랑하자'는 생각이 강하게 임했다. 아마도 말씀 묵상을 통해 예수님의 마음, 예수님의 사랑을 나눈 날이었던 것 같다.

이 모든 것 위에 사랑을 더하라 이는 온전하게 매는 띠니라(골 3:14).

신기하게도 그날 이후부터 가게의 모든 일에 임하는 자세가 달라졌다. 음식을 사랑하고 손님을 사랑하자는 마음이 강하게 밀려오면서 모든 상황을 사랑의 눈으로 바라보게 된 것이다. 단돈 5만 원,

10만 원 벌더라도 웃을 수 있었고 음식을 조리할 때나 재료를 다듬을 때도 보이는 것마다 사랑스러웠다.

당시 대구뽈찜 재료인 대구 머리가 냉동으로 왔는데, 잡은 그대로 얼린 것으로, 뽈찜을 하면 조갯살처럼 부드러웠다. 물론 해동해서 손질하는 과정이 번거로웠지만 사랑의 마음으로 임하니 선동된 대구머리를 손질하는 과정이 기뻤다. 깨끗하게 씻겨 놓으면 마치 내 새끼 씻겨 놓은 것 같이 개운했고 그것으로 맛있게 조리된 음식이 손님 입에 들어가는 모습을 보는 것도 행복했다.

어차피 손님이 많지 않으니 아기를 동반한 손님들이 오시면 편하게 드시라고 홀에 나가 아이를 봐 주기도 했다. 그러자 한 번 방문한 손님들이 재차 삼차 방문하며 손님이 제법 늘기 시작했다.

큐티는 계속되었고 우리의 간증도 멈추지 않았다. 사랑의 눈으로 모든 것을 바라보니 일상이 달라졌다는 고백을 나누었고, 그 영향으로 하루 매출이 40-50만 원까지 이어지는 기쁨을 함께 나누기도 했다.

어느 날 아내가 큐티를 하면서 우리도 가게를 향해 '선포'하자고 제안했다. 때마침 목사님께서 성도들에게 '잘될지어다, 그대로 되리라, 보시기에 좋았더라'라고 외치며 자신의 기도를 선포하라고 하셨는데 아마도 그 영향인 듯했다. 그리고는 '일 매출 백만 원이 될지어다, 그대로 되리라, 보시기에 좋았더라'라고 선포했다. 꿈같은 얘기라고 생각했지만 어느 순간 나도 그렇게 선포하고 있었다.

하루는 교회 집사님께서 가족 외식으로 매장을 찾았다. 이미 우리 교회에서 장칼국수를 워낙 자주 홍보하셨기에 한 번만 먹은 사람은 없을 정도로 성도들의 매장 출입이 잦았다. 그런데 자세히 보니 아이와 뭔가 실랑이를 하는 듯 보였다. 아이는 안 먹는다고 버텼고 엄마는 어서 들어가자며 팽팽히 맞서고 있었다.

사실 이 매장을 열면서 추구했던 것은 어린 시절 온 가족이 둘러앉아 먹던 음식의 추억을 되살리고 가정이 회복되는 그림이었는데 한국인의 입맛을 사로잡는 칼칼함과 매콤함을 부각시켰더니 매운맛엔 호불호가 있었다. 교회 집사님 상황까지 보게 되니 뭔가 대책이 필요했다.

'우리 가게에 아이들이 먹을 수 있는 음식이 없지. 어린이 메뉴를 만들자.'

그때 엄마 손에 억지로 끌려와 먹기 싫은 매운 국수를 먹어야 하는 아이에게 사과와 사랑을 건네는 의미로 키즈 스페셜 메뉴를 만들었다. 아이들이 좋아할 만한 볶음밥, 떡갈비, 캐릭터 음료수 등의 메뉴로 구성된 한 판 음식인 키즈 스페셜은 한마디로 대박이 났다. 어른들은 칼칼한 뽈찜과 국수를 먹고 아이들은 자신들의 취향을 저격한 메뉴를 먹을 수 있으니 매장은 가족이 모두 즐겁게 올 수 있는 공간이 되었다. 원래 음식 하나로 가족이 모이기를 바랐던 소망이 이루어진 것이다. 덜 바쁜 날엔 아이들이 매장에 오면 한 명씩 오토바이를 태워 동네 한 바퀴를 투어하고 오는 서비스까지 제공했다.

맛을 위한 고민은 계속되었다. 고추장 베이스의 칼칼한 칼국수가 한국의 고유한 맛을 대표하지만 이 음식이 한국 전통으로만 그치기엔 너무 아까웠다. 세계적인 입맛을 공략할 방법이 무엇일까 고민하며 레시피를 개발했다. 아내와 음식 잘한다는 곳은 짬을 내어 다녀보고 아이디어를 장칼국수에 접목시켜 보는 등 새롭게 메뉴를 응용했다.

말씀에 순종하여 사랑하는 마음으로 음식을 바라보니 아이디어가 나왔고 사랑하는 마음으로 고객을 바라보니 고객을 만족시키는 아이디어가 나왔다. 장칼국수란 이름만 듣고 여러 가지 오해를 했던 손님들이 장칼국수를 올바르게 인식하게 되면서 가족 단위 손님들이 찾아오기 시작했다.

그리고 마침내 아내의 믿음의 선포는 현실이 되었다. 하루 몇 만원 팔기에 급급했던 가게가 사랑의 마음으로 회복되자 하루 매출 100만 원을 넘어서는 가게로 바뀌게 된 것이다. 말씀 선포의 위력을 처음으로 알게 된 순간이다.

🪔 오른쪽으로 그물을 던져라

일산 매장이 어느 정도 궤도에 오르기 시작하면서 식당엔 단골손님들이 생겨났다. 손님들과 허물없이 지냈는데 하루는 한 단골손님이 새로운 제안을 했다.

"사장님, 서울 쪽으로 진출해 볼 생각 없어요?"

"서울이요? 하고야 싶지만 아직 능력이 안 됩니다."

"능력이 안 되긴요. 마침 저희 아버님이 남대문 쪽에 상가를 보유하고 계신데 서울에 가게 한번 내봐요. 장칼국수를 들고 서울 가면 차원이 달라질 거예요."

장사에 전념하면서 꾸었던 궁극적인 꿈은 장칼국수의 브랜드화였다. 노력과 열심을 다해 어느 정도까지 인지도와 매출을 끌어올렸지만 브랜드화엔 한계가 있었다. 일산과 서울은 입지 조건부터 달랐고 비용이 감당이 안 될 것 같다는 생각에 나 역시 서울로 가고 싶었으나 포기했다.

그러다 그해 2월 매일 아침 복음서의 꽃이라 불리는 요한복음 말씀으로 큐티를 하며 은혜를 받았는데, 마침 요한복음을 마무리하는 21장을 나누는 날이었다.

예수께서 이르시되 얘들아 너희에게 고기가 있느냐 대답하되 없나이다. 이르시되 그물을 배 오른편에 던지라 그리하면 잡으리라 하시니 이에 던졌더니 물고기가 많아 그물을 들 수 없더라(요 21:5-6).

밤새도록 그물을 내려도 고기를 잡지 못하던 제자들에게 예수님이 찾아 오셔서 오른쪽으로 그물을 던지라고 명령하셨고 그 말씀에 순종하자 그물이 찢어질 정도로 많은 물고기를 잡게 되었다는 내용이다. 제자들의 본업은 어부다. 누구보다 어업에 잔뼈가 굵은 전문가로서, 고기 잡는 데에는 도가 튼 사람들이다. 그들의 전문 지식으로는 이해가 되지 않아도 부활하신 예수님이 지시하신 방향으로 순종하자 결과적으로 풍성한 열매를 거둘 수 있었다.

설교 시간이 많이 들었던 내용인데 그날따라 그 말씀이 새롭게 다가왔다. 이게 예수님의 방법이라는 생각이 들면서 얼마 전 서울로 진출해 보라는 제안이 떠올랐다.

'이 말씀이 나에게 주시는 말씀 아닐까? 나의 생각으로 접어 둔 방향으로 그물을 던져 보라는 예수님의 사인이 아닐까?'

오른편으로 그물을 던지라는 말씀이 가슴에 박혀 떠나지 않았다. 오른쪽으로 그물을 던졌을 때 건져 올린 153마리의 물고기가 펄떡거리는 장면이 마치 현실처럼 그려졌다. 말씀이 생생하게 다가오는 경험은 처음이라 어찌할 바를 몰라 담임목사님을 찾아갔다. 하나님은 말씀을 통해 역사하신다는 조언과 함께 그동안 내가 무엇을 고민하고 있는지 어떤 제안을 받았는지 들으시더니 단숨에 말씀하셨다.

"안 그래도 집사님 생각하고 있었습니다. 한번 가 봅시다."

오히려 목사님 부부께서 적극적으로 나서며 서울로 동행하자고 하셨다. 얼떨결에 서울로 향하면서 머릿속에서는 투자 비용을 어떻게 충당해야 할지 열심히 계산기가 돌아갔다. 그러면서도 이런 인간적인 고민을 무력화하실 예수님의 방법을 기대했다.

도착해 보니 지하 매장이었다. 30평 넘는 공간이라 음식점을 열기에 괜찮은 크기였다. 다행히 지하라 임대료는 조금 저렴했고 어떻게든 전 직장인 은행을 통해 돈을 빌리면 될 듯도 싶었다. 무엇보다 유동 인구가 가장 많은 남대문에 입성한다는 최고의 장점에 우리는 고무되었다.

목사님은 말씀을 믿고 그물을 던져 보자고 하셨다. 그 선포에 가슴이 두근거렸다. 우리 일행은 그 지하에서 손을 잡고 둘러서서 기도하며 선포했다.

"153장칼 잘될지어다, 그대로 되리라, 하나님 보시기에 좋았더라."

수중에 돈은 없었다. 매장 계약부터 돈이 필요한데 영혼까지 탈탈 털어 끌어모을 수 있는 자금은 2천만 원에 남짓했다. 과거 괜한 욕심에 눈이 어두워 돈을 공중분해하지 않았더라면 괜찮았을 텐데, 서울 입성을 앞두곤 너무 아쉽고 후회가 되었다.

매장을 얻으려면 적어도 수천만 원이 더 필요했기에 이전에 다녔던 은행 지점을 찾아갔다. 은행을 나오고 나서야 은행 문턱이 높다는 것을 실감했기에 선배를 찾아 설명했고 한참 고민하던 직장 선배님은 고맙게도 손을 내밀었다.

"당신 열심히 살았고 앞으로도 그러리라는 거 아니까 내가 믿고 대출 진행해 줄게. 장칼국수를 프랜차이즈로 한번 잘 키워 봐."

가게 마련 자금이 확보되고, 계약만 남은 상태에서 매장 인테리어 공사를 의논하는데 갑작스런 복병을 만났다. 지하 매장에 음식점을 하려면 안전 시설을 더욱 신경 써야 하는데 화재 관련 설비만 수천만 원이 추가로 들어간다는 것이다. 아무리 생각해도 더 이상의 투자는 무리였다.

'주님, 여기가 아닌가요? 오른쪽으로 그물을 던지라고 하셨는데 아닙니까?'

저절로 질문이 나왔다. 하는 수 없이 지하 매장은 포기하기로 한 뒤 실망감에 가득 차 발길을 돌리는데 여전히 미련이 남았다. 마음 속에서는 이미 서울에서 장사를 시작하고 있었는데 대체 일이 왜 이렇게 꼬였을까, 혹시 다른 곳은 아닌가 하는 복잡한 마음으로 그 일대를 배회하고 다녔다. 며칠 동안 그랬던 것 같다. 음식점 낼 상가를 찾는 게 쉽지 않았다. 어쩌다 '임대 문의'라고 붙여 놓은 곳이 있어 가보면 장소가 너무 크거나 좁았고 한 곳에서는 음식점을 하다가 화재가 났기에 음식점 임대는 안하겠다는 통보를 받기도 했다.

몇 차례 거절을 당하고 실망감에 또다시 거리를 배회하는데 자그마한 안경점이 눈에 들어왔다. 대여섯 평 되어 보이는 점포인데 나도 모르게 가게 안으로 들어갔다. 70-80대로 보이는 노부부가 돋보기를 쓴 채 뭔가 읽고 계셨는데 한눈에 봐도 성경책이었다.

"어서 오세요."

"사장님, 지나가다가 잠깐 들렀습니다. 매장이 아담하니 좋네요."

"아이고, 감사합니다."

"성경책 보시는 거 보니 예수님 믿으시나 봅니다. 저도 믿습니다."

알고 보니 교회 장로님 부부셨다. 그렇게 신앙 이야기를 나누다가 매장을 찾고 있다는 사정을 말하자 그분은 아는 장로님이 관리하는 건물을 추천하셨다. 진심 어린 조언을 해 주기도 하셨다. 처음부터 큰 규모로 운영할 게 아니라 작은 평수에서 실속 있게 시작하는 게 좋겠다는 내용이었다.

잠시 뒤 소개받은 장로님이 오셨고 그분을 따라 건물을 가 보니 분홍색 페인트칠이 된 5평짜리 가게였다. 너무 좁은 것 아닌가 걱정을 하고 있는데 장로님은 따라오라며 2층으로 안내했다. 가보니 웬걸, 21평짜리 매장이 펼쳐져 있었다. 외부에서는 한 층으로 보이는데 들어가 보면 2층짜리 상가였던 것이다.

매장을 둘러보는데 가슴이 마구 뛰었다. 어느 곳으로 주방을 배치하고 테이블을 어떻게 놓을지 눈에 그려지며 이것이 그물을 던질 오른쪽이란 확신이 왔다. 알아보니 권리금도 없이 보증금 3천만 원에 월세 240만 원짜리 상가였다. 서울 중심에 이 정도 상가가 있을까 싶을 정도로 조건도 좋았다. 매장 인테리어까지 준비한 비용으로 충당할 수 있을 것 같았다.

그렇게 서울 진출을 확정지었다. 드디어 예전부터 품었던 세계인이 즐기는 장칼국수를 선보이게 되었단 기대에 부풀었다. 꿈같던 꿈이었는데 정말 세계인들이 오가는 남대문에서 세계인들에게 맛보이게 되다니 꿈만 같았다.

그 뒤 서울 매장 개점 준비와 일산 매장 관리를 병행하며 몇 달을 보내야 했다. 일산에서 장사하면서 서울 매장 인테리어 공사도 진행해야 해서 시간을 아끼려 위험천만하게 다녔다. 차보다는 오토바이가 막히지 않을 거란 생각에 중고 오토바이를 타고 매일 일산 매장에서 남대문 매장까지 달렸다.

하루 종일 장사를 하다가 오토바이를 타고 남대문 매장에 도착해 인테리어 공사를 점검하고 주방 시설 등 관련 시설을 설비했다. 가능한 인력 비용을 줄이기 위해 주방이 어느 정도 갖춰졌을 무렵에는 오토바이에 식재료들을 싣고 와서 음식을 만들어 보며 준비 과정을 진행했다.

　매일 일산과 남대문을 오가는 일은 쉬운 일이 아니었다. 중고 오
토바이를 털털거리며 타고 다녔으니 위험한 일도 몇 번이나 있었다.
겨울철 비가 와서 노면에 살짝 살얼음이 낀 날이었다. 일산에서 재
료를 싣고 남대문으로 가는데 어찌나 무섭던지 쪼그라든 심장을 안
고 1시간을 달렸다. 어떤 날은 오토바이 체인이 끊어져 큰일 날 뻔
하기도 했다.

　진짜 죽을 뻔한 적도 있다. 어느 정도 매장이 완성되어 동대문에
서 그릇을 맞추고 오토바이를 타고 돌아가는 길이었다. 비보호 좌회
전 길이라 차가 오지 않길래 확인하며 좌회전하는데 갑자기 건너편
에서 차가 돌진하더니 그대로 받고 지나갔다. 몸이 하늘로 붕 떴고
그 시간이 슬로비디오처럼 지나갔다. 그대로 땅바닥에 떨어졌는데
신기하게도 찰과상만 입고 이상이 없었다.

　순간 죽는 게 이런 거구나 싶었는데 거의 다치지 않고 살아난 것
은 하나님의 전적인 은혜였고 기적이라고 생각한다. 사고 현장으로
달려온 경찰들은 물론, 사고 장면을 목격한 이들 모두 놀랐다.

　돌아보면 말도 안 되는 이런 순간까지 주님이 지켜 주신 것 같다.
오토바이를 타고 일산과 남대문을 오가던 기간이 거의 8개월인데
그래도 살아 보겠다고 치열하게 일하는 모습을 긍휼히 여겨 주셨기
에 사망의 음침한 골짜기를 지날 때도 지켜 주셨다고 믿는다.

　지키시는 은혜는 지금도 이어지고 있다. 주님은 내 곁에서 나를
안전하게 보호해 주시고, 시험당할 즈음 피할 길을 내사 나로 하여

금 환난을 면하게 하시며 안전하게 보호하신다. 그것을 믿기에 쉽지 않은 모든 과정을 하나하나 밟아가게 되는 것 같다.

> 여호와께서 너로 실족하지 아니하게 하시며 너를 지키시는 이가 졸지 아니하시리로다 이스라엘을 지키시는 자는 졸지도 아니하시고 주무시지도 아니하시리로다 여호와는 너를 지키시는 자라 여호와 께서 네 오른쪽에서 네 그늘이 되시나니 낮의 해가 너를 상하게 하지 아니하며 밤의 달도 너를 해치 아니하리로다 여호와께서 너를 지켜 모든 환난을 면하게 하시며 또 네 영혼을 지키시리로다 여호와께서 너의 출입을 지금부터 영원까지 지키시리로다(시 121:3-8).

🔱 대한민국 최초 장칼국수 전문점

서울에서 시작한 장칼국수 매장은 대박이 났다. 처음부터 그랬을까. 전혀 아니다. 주님은 그렇게 편하게 누리게 하지는 않았다.

2015년 6월, 드디어 남대문 한복판에 장칼국수를 오픈하게 되었다. 그해 봄과 이른 여름에 걸쳐 인테리어 공사를 준비할 때까지만 해도 남대문 매장에 대한 모든 이들의 기대가 남달랐다. 그도 그럴 것이 워낙 유동 인구가 많았기에 점심시간이 가까워 오면 와이셔츠 입은 회사원 군단들이 음식점마다 줄을 섰는데 그 모습에 희망을 품었다.

일단 일산 매장을 통해 육수를 공급하고 나머지 재료는 서울에서 직접 공수하기로 했기에 일산 매장과 운영을 겸하기로 했다. 주방도 어느 정도 갖춰졌고 재료도 점검하는 등 개점 준비를 마쳤을 때가 5월 말, 6월이 되어 가게를 오픈했는데 반응이 없었다. 일산에서 고군분투하던 때처럼 파리만 날리는 가게가 되었다.

근처 음식점을 통틀어 이렇게 예쁘고 깔끔하게 인테리어를 해 놓은 가게가 없는데 손님들이 찾아오지 않다니 너무도 당황스러웠다. 그런데 우리뿐만 아니라 다른 가게도 마찬가지였다.

"뭐라고요? 메, 메르스? 그게 뭔데요?"

그제야 메르스 사태가 심각하다는 것을 알았다. 지금은 코로나를 겪어 봤기에 바이러스가 무섭다는 걸 알지만 2015년 발생한 메르스 사태는 인지가 잘 되지 않았다. 알아보니 메르스가 직장인들의 발걸음을 묶어 놨던 것이다. 일종의 호흡기 바이러스인 메르스는 국내 감염을 많이 일으키지 않았지만 워낙 치사율이 높았다. 공사할 때까지만 해도 인산인해를 이루던 직장인들은 싹 사라졌다.

하루하루 속이 타들어 갔다. 예쁘게 꾸며 놓은 매장은 텅텅 비었고 게다가 오픈 시기도 좋지 않았다. 장칼국수 & 뽈찜으로 매장을 열었는데 6월이면 막 더워지는 시기라 땀나는 음식이 계절적으로 맞지 않았던 것이다. 직장인들에게는 점심시간이 휴식시간인데 일부러 땀을 흘려 가며 매운 음식을 선택하지 않으려 했던 것이다.

고민의 시간이 이어졌다. 그래도 희망적인 것은 장칼국수를 맛본 이들의 피드백이 좋다는 것. 여전히 홍보에 대한 고민은 깊었지만 그래도 매장 접근이 쉽다는 것과 간편하게 빨리 먹을 수 있는 가성비 좋은 음식이란 점이 직장인들의 이목을 끌고 있었다.

메르스와 같은 복병은 사람의 힘으로 어찌할 수 없지만 그것에 어떻게 대처하느냐는 사람의 몫이란 생각이 들었다.

메르스는 중동 지역에서 유입된 바이러스로, 면역 체계를 무너뜨리는 호흡기 질환이다. 그래서 음식을 통해 바이러스 질환을 대처할 자료를 찾아보니 마늘이 떠올랐다. 실제로 마늘은 면역을 키우는 데 탁월한 제품이었다.

'가만 있자, 마늘을 어떻게 장칼국수와 접목시키지?'

나도 모르게 잔머리가 굴러갔다. '갈릭 장칼국수'를 만들어 홍보하면 호흡기 질환을 두려워하는 이들에게 다가갈 수 있겠구나 싶어 잠깐 신이 났으나 한편으론 이런 잔머리를 굴리며 장사하는 건 크리스천으로서 옳지 않단 마음이 들었다.

오히려 일산 매장에서 터닝 포인트를 맞을 때의 마음을 떠올리며 다시 한 번 고객과 함께 이 상황을 아파하고 공감하는 마음으로 장사하자고 결심했다. 음식으로 장난치지 말고 음식으로 사랑을 나누는 주인장의 마음으로 손님을 대하자고 마음먹으니 메르스를 예방하는 식재료인 마늘은 서비스가 되었다.

통마늘을 튀겨 로제 소스에 찍어 먹는 서비스 메뉴가 탄생한 것이다.

그리곤 테이블에 설치한 광고판에 응원 메시지를 적었다. 메르스 때문에 불편과 두려움을 겪고 있는 이들을 위해 메르스에 좋은 음식

정보를 간단히 적고, '장칼은 당신을 응원합니다'라는 메시지를 넣었다. 테이블에 앉은 손님들이 자연히 광고판에 적힌 글을 읽는 동안 튀긴 마늘과 소스를 내놓았다.

"이거 뭐예요?"

"메르스를 예방하는 마늘이에요. 서비스입니다."

생각지도 못한 선물을 받을 때 사람은 가장 행복하다. 게다가 상대방을 위하는 진심이 담긴 서비스라면 감동은 두 배가 된다. 마늘 이벤트는 주효했고 메르스로 음식점 가기를 꺼리던 이들의 발길을 돌리는 데 성공했다.

매장을 찾는 이들이 점점 늘기 시작했다. 여름은 절정을 향해 치닫고 있었고 매운 음식을 내는 음식점이었기에 에어컨을 가동했다. 가능한 시원한 분위기에서 음식을 먹되 쾌적한 마무리까지 이어질 수 있도록 고민하던 중 어느 날 아이디어가 떠올랐다.

장칼국수는 육수가 빨갛기 때문에 손님들이 앞치마를 이용하곤 했는데, 벗어 놓은 앞치마에는 국물 자국과 땀 등이 묻어 있었다. 아무리 매일매일 세탁해서 제공한다 해도 누가 사용했던 것을 재사용한다면 기분이 그리 좋을 것 같지 않았다.

'앞치마를 일회용품으로 제공하면 어떨까?'

그 길로 앞치마 제작에 들어갔다. 재질로는 부직포가 적당해 보였고 그것으로 충분히 앞치마 제작이 가능하다는 답변을 받았다. 며칠 뒤 일회용 부직포 앞치마가 도착했고 손님들에게 그것을 나눠 드렸다. 반응은 폭발적이었다.

"이게 뭐예요? 앞치마예요?"

"네, 손님들 쾌적하게 쓰시라고 1회용 부직포 앞치마를 제공해 드리고 있습니다."

"어머, 정말 아이디어 좋다. 그렇잖아도 남들 쓰던 것들은 찜찜했는데 이거 너무 좋은 아이디어예요. 사진 한 장 찍어야지."

한창 SNS 붐이 일어나던 시점이었고 매장을 찾은 젊은이들이 사진을 찍어 올리며 매장이 저절로 홍보되는 효과를 누렸다. 과연 고객을 위해 진심을 다하는 서비스, 고객의 아픔과 불안을 함께 나누고자 하는 마음이 제대로 전달되었다는 것에 기쁨이 컸다.

남대문 매장을 찾는 손님은 점점 늘어나 대기 손님들까지 생겨났다. 그렇게 몇 달이 지나 추석 시즌이 되었다. 장칼국수 홍보를 좀 더 대대적으로 하고 싶은 마음에 TV를 설치한 뒤 직접 관련 영상을 찍고 내보내는 등 소소한 홍보를 이어 갈 때즈음 호재가 생겼다.

음식 하면 떠오르는 인물, 백종원 씨가 TV에서 강원도의 장칼국수를 소개한 것이다. SBS 〈백종원의 3대 천왕〉 프로그램에서 백종원 씨가 강릉 시내의 한 칼국숫집에 들어가 장칼국수를 주문했고 강원도 전통 음식인 장칼국수 먹방을 제대로 선보였다. 워낙 설명도 재미있게 하는데다 맛있게 먹는 모습이 방송에 고스란히 드러났던 것이다.

'바로 저거다. 하나님이 또 이렇게 도와주시는구나.'

속으로 쾌재를 불렀다. 되든 안 되든 직접 영상을 제작해 홍보를 해 보려 했는데, 마침 음식에 대해 가장 신뢰받는 인물이 그 음식을 소개해 주었으니 호재 중에 호재였다. 그날로 장칼국수 소개 영상 부분을 매장에 있는 TV를 통해 내보냈다. 초기 홍보 효과를 톡톡히 본 셈이다.

추석이 지나 메르스는 더욱 창궐했는데 우리 가게는 사람들이 줄을 서기 시작했다. 1층 7평 남짓한 대기 공간에도 영상을 내보내며 홍보하니 호기심에 매장을 찾은 사람도 장칼국수에 대해 제대로 알게 되었고 이제는 알고 먹는 맛이 된 것이다. 기다리는 사람에게도 제대로 홍보하고 매장에 들어온 이들에게는 제대로 서비스하는 시스템을 만들어 남대문 매장은 대박을 터뜨렸다.

맛에 대한 고민과 시도는 물론이고 잘되는 가게로 자리 잡기 위한 신선한 아이디어도 필요하다. 하지만 하나님이 주신 마음으로 일하지 않았다면 남대문 매장의 성공이 과연 가능했을까 싶다. 일산에서 가족이 함께 즐길 수 있도록 개발한 키즈 메뉴와 가족을 위한 이벤트가 주효했듯 남대문에서도 어떻게 하면 음식을 통해 함께 즐길 수 있을지 더욱 고민했다.

하나님이 주신 지혜로 직장인들의 점심 메뉴를 특화했고 저녁에는 특별한 회식 메뉴와 이벤트를 개발했다. 가족이 와서 즐길 수 있는 새로운 시도도 가득 선보였다.

너희 중에 누구든지 지혜가 부족하거든 모든 사람에게 후히 주시고 꾸짖지 아니하시는 하나님께 구하라 그리하면 주시리라(약 1:5).

🎵 장칼의 확장

남대문 장칼국수 매장이 성공을 거두면서 처음 사업을 시작할 때 품었던 장칼국수를 세계적인 한국 음식으로 브랜딩하고 싶다는 꿈에 한 발짝 다가섰다. 특히 남대문이라는 지역이 갖는 글로벌 이미지, 그 속에서 장칼국수가 인기를 얻게 되면서 이제 장칼국수 세계화의 희망의 빛을 볼 수 있었던 것이다.

무엇보다 남대문 본점의 성공을 바탕 삼아 뻗어 가야 했기에 이곳에서 할 수 있는 시도는 다 해 보자는 생각이 들었다.

남대문은 외국인들의 출입이 잦은 곳이라 우리 매장에도 여행객들이 들르곤 했다. 한국의 매운맛에 매력을 느끼면서도 땀을 뻘뻘 흘리며 먹는 모습을 보니 매운맛에 익숙지 않은 이들을 위한 메뉴가 필요해 보였다.

또한 젊은이들의 입맛과 욕구를 충족시켜 줄 메뉴가 필요했다. MZ세대라는 말이 등장한 시기는 아니지만 SNS 등을 통해 소통 문화가 활발해진 시점이었기에 젊은이들이 굉장히 중요한 소비층으로 등장했다. 그들에게 있어 한 끼는 그저 때우는 식사가 아닌 문화였고 오락이었다. 그러니 메뉴를 정할 때도 리뷰를 찾아보고 별표를 챙기는 등 노력을 기울인다. 취향이 까다로워졌다는 것을 의미한다.

일산 매장에서 메뉴 개발을 위한 노력을 해 봤기에 그 노력을 바탕으로 남대문 매장에 선보일 새로운 메뉴 개발이 날마다 이루어졌다. 매운맛을 중화시키기 위해 다른 소스와 결합한다거나 새로운 토핑을 추가해 재미와 맛을 더해 주는 등 퓨전 장칼국수 메뉴가 탄생했다. 이 과정에서 기도했던 것은 하나였다. 지혜를 달라는 것이었다. 사람이 가진 얄팍한 꾀는 한계가 있다. 물론 여기저기에서 보고 들은 것들을 조합하면 그럴듯하게 만들 수는 있지만 그것을 뛰어넘기 위해서는 한 수가 필요하다. 다행히 그 한 수가 주님께로부터 받는 지혜임을 알고 그 지혜를 구했다. 내가 아직 기도가 부족한 사람임을 누구보다 잘 알았지만 나도 모르게 '주님, 지혜를 주십시오'라는 기도가 나왔다. 그때마다 긍휼히 여기시는 주님께서 반짝 아이디어가 떠오르게 하신다거나 생각지도 못한 재료를 기억나게 하셨고 곧바로 메뉴 개발로 이어졌다.

메뉴 개발도 진행되고 매장 운영 역시 안정되어 매출이 꾸준히 성장하다 보니 자연스럽게 규모를 키워야겠다는 생각에 이르렀다. 보통 장사가 잘되면 어떤 스텝으로 가야 할지 결정해야 한다. 잘되는 매장을 그대로 유지할 것인지, 프랜차이즈로 가맹점을 확장시켜 나갈 것인지. 매장을 그대로 유지하면 장사로 끝나는 것이고 매장을 확장하는 건 비즈니스가 되기에 좀 더 신중해야 한다.

고민이 되었다. 장칼국수라는 음식을 세계화하려는 꿈을 꾸는 한 당연히 비즈니스 형태로 가야 했는데 그동안 여러 프랜차이즈 사업에 대해 알아보고 현장을 찾아보니 우선 해결해야 할 부분도 있었고 아직 부족한 부분도 보였다.

"사장님, 여기 장사가 잘 되는데 2호점 안 내세요?"

이런 이야기가 심심찮게 들려오는 가운데 가장 시급한 건 장칼국수에서 가장 중요한 육수 문제였다. 그때까지 일산 매장에서 끓인 육수를 서울로 제공하던 실정이었기에 인적 물적 소비가 컸다. 만약 비즈니스화한다면 육수 공급이 원활하게 이루어지는 시스템이 마련되어야 했다.

이런 상황에서 선택한 것이 전수창업 모델이다. 흔히 알고 있는 프랜차이즈와 전수창업은 비슷한 개념이지만 조금 다르다. 프랜차이즈가 본사의 성공 모델의 노하우를 그대로 가져가 계약하고 사후관리를 받는 것에 반해 전수창업은 가맹비나 로열티를 지급하지 않으면서 창업 초기에만 노하우를 전수받고 이후 독자적으로 사업을 운영하는 방식이다.

전수창업은 프랜차이즈에 비해 서로가 더 자유로울 수 있고 사업적인 면에서도 자율권을 부여해 소위 갑질문제가 일어날 소지가 적었다. 우리로서는 면과 육수만 공급하는 조건만 지키고 서로에게 구속력이 없도록 하자는 방침이었다. 아직 사업적 마인드가 부족했기에 선택한 방법이기도 했다.

일단 매장 열 개를 목표로 시작했다. 먼저 좋은 사업 모델을 만들어야 했기에 내가 먼저 창업자가 되어 사업의 성공 스토리를 써야 했다. 이를 위해 막내 누나를 찾았다. 일산 매장에서 좋지 않게 헤어졌지만 그래도 가족이라는 끈이 섭섭함을 풀어 주었고 누나가 남대문 매장을 맡아 주기로 하면서 나는 창업에 매진할 수 있었다.

그 뒤부터 서울 시내 장칼국수 매장이 될 만한 곳을 찾아다녔다. 칼국수는 간단하게 먹을 수 있는 일품 음식이기에 직장인이 많은 곳, 임대료를 최대한 줄일 수 있는 장소를 찾아다녔다. 육수가 제공되기에 매장의 주방은 국수를 끓이고 간단한 조리를 할 정도면 가능했다. 비용을 따져 보니 직장인들도 창업 가능한 초기 비용이 산출되었다.

처음 선정한 곳은 마포였다. 이곳저곳 알아보던 중 마포가든호텔 뒤 작은 매장이 나왔다길래 가보니 열쇳집을 하던 곳이었다. 작고 아담한 매장을 보는 순간 일본의 라멘집이 떠올랐다. 1인 식당, 2인 식당의 모델로 만들어 보자는 목표를 가지고 공들여 매장을 꾸몄다. 창업자 입장에서 매장을 꾸미다 보니 초기 비용을 줄이기 위해 직접 나설 수밖에 없었다. 인건비를 줄이기 위해 몸으로 때우는 과정에서 전반적인 공사에 대해 웬만한 건 배울 수 있었다. 이때 현장에서 구른(?) 이력은 훗날 장칼이 확장되는 과정에서 요긴하게 쓰임 받고 있으니 쓸데없는 경험이란 없는 것 같다.

아낄 수 있는 부분은 충분히 아꼈지만 2층 주방에는 과감히 투자했다. 마포점에는 가스불이 아닌 인덕션을 설치해 안전하게 육수를 끓이도록 하여 일산에서 배달하는 수고와 비용을 효율적으로 줄였다. 2층에서 육수를 끓이고 1층 매장에서 손님을 받는 형식을 취한 강릉장칼 마포점은 성공이었다.

마포 일대의 직장인들이 간단하게 먹을 수 있는 점심 메뉴로는 장칼국수가 제격이었고 마치 라멘집 같은 매장 분위기 덕에 혼밥족이 많이 찾았다. 덕분에 초기 투자 비용 대비 흑자 전환이 충분히 가능한 구조가 되었다.

매장 두 곳이 성공을 거두자 성공 모델을 하나 더 만들자는 생각에 을지로점까지 확장했다. 을지로점은 다른 매장보다 더 넓었고 그간의 노하우가 쌓여서인지 훨씬 세련된 매장으로 꾸몄다. 이곳 역시 주요 타깃을 직장인으로 삼았고 다른 매장에 비해 넓은 점을 활용해 회식 메뉴를 넣는 등 매장 환경에 따라 탄력적으로 사업을 운영했다.

이로써 일산과 서울에 매장 4개를 운영하는 상황이 되었다. 갈수록 매장을 확장해 나가는 수완이 세련되어 갔고 창업 과정의 노하우는 쌓여 갔다. 전수창업으로 열 개 매장을 내자던 야심 찬 계획은 점점 실현되어 가는 듯했다.

4. Hooking

낚으심

억지로 던진 그물

"대표님, 주방 배선에 문제가 생겼어요."

"사장님, 육수 더 필요한데요."

뭔가 삐걱거리기 시작했다. 몸은 하나인데 여기저기 불러 대니 하루 종일 이 매장 저 매장 다니며 문제를 해결하는 24시간 대기조였다.

원했던 상황이 아니었다. 전수창업 모델로 매장을 성공했기에 마땅한 창업자가 나타나기를 바랐는데 생각했던 것과는 다르게 흘러 갔다. 창업을 생각하는 사람도 막상 가게를 받아서 하라는 말에 뒷걸음질을 쳤다. 고깃집은 하고 싶어 해도 국숫집은 안하려고 했다. 여전히 대박을 꿈꾸며 창업하려는 이들이 많음을 방증하는 것이기도 했다.

받아서 운영할 사람이 없으니 결국 처음 시작한 내가 다 관리해야 하는 상황이 되었다. 매장마다 직원들이 몇 명씩 되니 직원들 관리까지 머리가 지끈거렸다. 일주일 내내 매장을 수십 번씩 다니다가 주일이 되어 교회에 나가면 만나는 분들마다 걱정해 주곤 했다. 일산에서 그렇게 고생하다가 서울로 가서 좀 나아지나 싶더니 다시 강행군을 하는 모습에 안타까우셨을 것이다.

무엇보다 매장이 늘어나면서 발생한 난제가 육수 공급이었다. 일산 매장에서 만들어 공급하고 마포점에서는 직접 끓여서 조달했지만 다른 작업과 병행이 안 되니 힘에 부치기 시작했다. 그렇다고 장사가 잘 되는 매장을 그만둘 수도 없으니 매장을 끌어안고 어떻게든 방법을 고안해야 했다.

최우선 과제가 육수 공급인 만큼 육수 공장을 세워야 했다. 장사가 아닌 제조설비업은 다른 분야라 공부를 시작했다. 주변에 도움을 요청할 곳도, 조언을 구할 사람도 없으니 맨땅에 헤딩하듯 이곳저곳 알아보고 찾아가 보고 물어보며 공부했다. 동시에 마땅한 장소가 있는지 알아봤는데 장소도 그렇지만 공장 제조설비 투자 비용이 너무 컸다. 큰 투자 비용 없이 창업에 성공하는 모델을 세워 가는 시점에서 공장 시설에 많은 비용을 투자하는 것은 맞지 않다고 판단했기에 어떻게든 방법을 찾아야 했다.

고민을 이어 가며 매일 일산과 서울을 오가고 있는데, 어느 날 아파트 건너편 상가가 눈에 들어왔다. 자주 다니던 곳으로, 혹시나 싶어 지하를 둘러보게 되었다. 아무도 거들떠보지 않는 공간이 눈에 들어왔다. 공간이 꽤 컸고 상가 건물이라 상하수도도 허가가 나 있을 테니 육수 공장 사이즈로 딱이란 생각이 들었다. 게다가 허름한 지하 공간이라 임대료도 저렴할 테니 조건에 맞겠다 싶었다.

그 길로 관리자를 찾아가 물어보니 임대를 놓지 않는단다. 이대로 물러설 수 없다는 생각에 주인을 찾아가 몇 번을 사정한 뒤 결국 승낙을 얻어 냈다. 저렴한 금액으로 공장을 확보한 뒤에 또다시 혼자만의 외로운 분투가 시작되었다. 상가 지하에 육수 제조공장을 만드는 허가를 받기 위한 준비를 했다. 비용을 줄이기 위해 공장 제조에 관한 조건과 설비를 알아보고 엑셀과 연필로 설계도면을 직접 그려가며 사용 허가를 받았다. 퇴짜도 여러 번 받았지만 끝내 승인을 받았다.

공장 승인과 함께 법인을 설립하게 되면서 새로운 법인명도 필요했기에 담임목사님을 비롯한 믿음의 사람들과 기도하고 의논했다. 어떤 이름이 좋을까, 회사의 이름은 회사의 얼굴인 동시에 정체성을 나타내 주기에 고민을 하던 중 장칼국수를 시작한 계기가 된 요한복음 말씀이 다시 떠올랐다.

> 이르시되 그물을 배 오른편에 던지라 그리하면 잡으리라 하시니…
> 시몬 베드로가 올라가서 그물을 육지에 끌어올리니 가득히 찬 물고기가 백쉰세 마리라 이같이 많으나 그물이 찢어지지 아니하였더라
> (요 21:6, 11).

오른쪽으로 그물을 던졌을 때 그물이 찢어질 정도로 잡아 올린 물고기가 153마리, 이 숫자를 회사명에 넣어야겠단 생각이 들었다. 그렇게 주님이 주시는 축복의 결과를 기대하는 마음으로 법인명을 '153패밀리'로 정했다. 아직은 공장의 사용 승인만 받아 놓았기에

본격적으로 공장을 만들고 법인 사무실을 마련해야 했다.

그러던 중 목사님이 베트남 선교를 가시게 됐다. 우리 교회가 베트남 선교사님과 협력 관계를 맺었기 때문에 성도들과 단기선교를 다녀오신 뒤 목사님은 현지에서 지어지는 교회의 모습을 보여 주시며 어려운 실정을 말씀하셨다. 아직 채 지어지지 않은 교회는 많은 것이 부족하고 열악해 보였다. 알고 보니 IMF 시절에 누군가 선교 헌금을 하면서 교회를 짓게 되었는데 시작만 해 놓은 상황이 지금까지 이어진 것이다. 목사님도 교회를 돌아보시며 예전에 선교에 서원했던 것이 떠올라 회개했다는 간증을 하셨다.

그 고백을 듣는데 마음이 뜨끔했다. 은행을 나와 음식점을 시작하면서 한참 뜨거울 때를 보내며 하나님께 서원을 드렸다. 사업을 통해 얻은 수익은 하나님 일에 쓰겠다는 약속이었는데 부끄럽게도 지킬 수가 없었다. 그런데 그 순간 그때의 서원이 떠오르며 베트남 교회 짓는 데 헌신하자는 믿음이 생겼다. 마침 법인 설립을 위해 받은 은행 대출이 들어오게 되어 있었는데 우선 그 물질을 심자는 생각이었다. 우리 사정을 알고 계신 목사님께선 오히려 없는 데에서 섬길 때 하나님이 더 풍성히 은혜롭게 채우신다고 말씀하시며 위로하고 격려하셨다.

믿음으로 선포했지만 사람 마음이 참으로 간사하다. 처음엔 감사한 마음으로 헌금의 일부를 보냈지만 은행 대출금이 들어오니 후회가 됐다. 공장에 들어가야 할 비용은 계속 늘어났기에 나중엔 스트레스를 받아 가며 보냈다. 솔직히 고백하면 억지로 낸 헌금이다.

베트남에 선교 헌금을 어렵게 보낸 뒤 선교지엔 아름답고 귀한 성전이 지어졌다. 베트남의 사정을 꽤 잘 알고 있던 나로서는 그곳에서 교회가 얼마나 화려하고 눈에 띄어야 하는지 알기에, 하나님은 부족한 나를 통해 물질을 받으셨다고 생각한다. 그때 지어진 베트남 교회는 베트남에서만 38년째 선교하고 계시는 장요나 선교사님이 맡아 현지 선교를 위해 앞장서고 있다.

교회가 지어지고 얼마 뒤 베트남 선교 35주년 컨퍼런스에 참가해 영상 작업을 하게 되었다. 재정적으로 쉽지 않은 시기라 몸으로 때운다는 심정으로 따라간 일정이었다. 대신 교회 영상을 책임지는 사람으로서 보다 나은 영상을 제공하기 위해 사비를 털어 드론을 사서 간단하게 영상 촬영을 시도했다. 베트남의 그 좁은 골목길 위 공중에서 드론이 교회 영상을 찍었는데 나중에 결과물을 보고 소름이 끼쳤다.

베트남은 우리나라에 비해 경제와 생활 수준이 낮지만, 눈에 띄고 화려한 것을 선호한다. 선교도 그런 문화를 이해하는 관점에서 접근해야 하는데 드론으로 확인한 교회는 오지에서 가장 높고 아름다웠으며 당당한 위용을 드러내고 있었다. 이 교회를 통해 그리스도인들이 세워지고 현지 목회자들이 양성되어 선교에 앞장서고 있으니 얼마나 아름다운 소식인지 모르겠다.

그러면서 구레네 시몬이 떠올랐다. 예수님이 십자가를 지고 골고다 언덕으로 가실 때 구레네에서 온 시몬이란 사람이 억지로 십자가를 지게 됐다. 예수님을 사랑해서 대신 지겠다고 나선 것도 아닌데 억지로 십자가를 지는 바람에 성경에 기록되었다. 비록 억지로 감당한 일이지만 마지막까지 주님의 일에 동참한 축복을 받게 된 것이다.

나가다가 시몬이란 구레네 사람을 만나매 그에게 예수의 십자가를 억지로 지워 가게 하였더라(마 27:32).

순간 억지로 드린 선교헌금마저 기쁘게 받으신 주님께 너무도 죄송하고 감사했다. 모든 것이 하나님께로부터 온 것임에도 내 것인 양 아까운 마음으로 억지로 드렸던 나를 용서해 달라고 기도했다. 그러면서 내가 돈을 벌어야 하는 목적이 분명해졌다. 153패밀리의 어려운 시작 역시 억지로 그물을 던지게 함으로 하나님이 나에게 어떤 마음으로 물질을 추구해야 하는지 알려 주신 기회라고 생각한다.

🏵 오른쪽에서 건져 올린 153패밀리

"오늘 시간 돼요?"

아내가 정색을 하고 말하니 불안한 예감이 들었다. 큰아이에게 무슨 문제가 생겼음을 직감했다. 사춘기 이후로 여전히 마음을 잡지 못한 채 여러 학교를 전전했고 성인이 되어 독립을 빙자하여 집을 나간 아이는 언제나 기도 제목이었다.

한참 사업을 진행하느라 바쁜 탓에 오히려 자녀의 문제는 잠시 잊었는데 어차피 마주해야 할 현실이라면 빨리 아는 게 낫겠다 싶었다. 불같은 내 성격을 아는 아내는 중재자가 되어 내가 할아버지가 될 거라는 이야기를 어렵게 꺼냈다. 그 말을 듣는 순간 모든 게 정지되면서, 할아버지가 된다는 게 무엇을 말하는 건지 한참 생각했다.

서서히 현실 감각이 돌아오면서 뭐라 표현할 수 없는 기분에 휩싸였다. 여전히 큰아이와는 정리되지 않은 갈등 속에 있었는데 이토록 큰일까지 겪게 하다니 말할 수 없는 원망과 분노가 치밀었다. 스물두 살, 결혼도 하지 않은 아이가 아이 엄마가 되다니 어디 내놓기 부끄러운 일이었다. 그 길로 딸을 찾아가 온갖 소리를 하며 상처를 주고받았으나 이미 엎질러진 물이었다.

예수님은 자녀를 노엽게 하지 말라고 부모에게 명령하셨다. 부탁이 아닌 명령이었고 그건 반드시 지켜야 했음에도 왜 그렇게 자기중심적인지, 한참을 이 일로 마음이 상해 속이 시끄러웠다. 그러나 이미 생긴 아이를 위해 일찍 결혼시키는 게 가장 좋은 방법이었고 둘도 그러겠다고 했기에 큰 애는 결혼과 함께 스물두 살에 아이 엄마가 되었다.

나는 40대에 손주를 둔 할아버지가 되었다는 사실을 한동안 밝히지 못했다. 어쩌다 매장에 손주와 딸이 함께 와 있을 때 손님들은 손주를 늦둥이 정도로 생각할 뿐 여리여리한 딸의 아들이라곤 생각 못했기에 손주와의 관계를 질문받는 상황 자체가 불편했다. 무엇보다 교회에 이러한 사실이 알려지는 게 부끄러웠다. 사실을 알게 된 목사님도 가슴 아파하시며 위로해 주셨지만 허물과 죄를 모두 덮어 주는 사랑의 공동체라는 말도 위로가 되지 않았다.

한동안 사업과 딸의 일까지 겹쳐 힘든 상황이 이어지다가 어느 날, 육아로 고군분투하는 딸을 보는데 갑자기 마음 한구석이 찌릿했다. 자기 몸집만 한 애를 업고 콩 뛰듯 팥 뛰듯 하는 딸아이의 모습에 나도 모르게 이런 생각이 들었다.

'그래, 너는 오죽 힘들겠니.'

이 모든 상황의 당사자로서 죄인 같은 심정을 안고 몇 배는 더 힘들었을 딸의 마음이 가슴으로 느껴졌다. 그간 사람들 앞에서 사랑과 긍휼을 말하면서도 정작 가족을 정죄하고 판단했던 태도를 회개했다. 내가 바로 바리새인이었다.

긍휼히 여기는 자는 복이 있나니 그들이 긍휼히 여김을 받을 것임이 요(마 5:7).

긍휼의 마음을 주님이 주셨다고 생각한다. 긍휼히 여기는 마음을 처음 경험하면서 마인드가 바뀌기 시작했다. 이 역시 주님이 허락하신 생명이고 이 상황 역시 주님이 허락하신 상황이기에 하나님께 방법을 구하면 되리라는 믿음이 생겼다. 그러자 내가 할아버지라는, 바뀌지 않는 사실을 받아들이자 싶었다.

당시 153패밀리라는 법인을 시작하면서 어쩔 수 없이 육수 공장을 세우는 등 사업을 확대해 나가야 하는 시점이었고, 대한민국 최초로 장칼국수 전문점을 브랜드화해야 했다. 장칼국수는 강원도 고유의 음식이지만 우리는 '강릉장칼'이라는 브랜드를 사용함으로 우리만의 브랜드를 만들고 싶었다. 그와 함께 유튜브 채널도 개설하게 되었는데 장칼 브랜드를 잘 알릴 방법을 고민하던 중 기막힌 타이밍에 한 사람을 만나게 되었다.

특별새벽기도회 기간이었다. 여러 가지 일로 마음이 복잡했던 터라 예배를 통해 하나님께 좀 더 다가가고자 하던 차에 우연히 특별새벽기도회 홍보물을 보게 되었다. '사랑이 먼저다'라는 주제의 홍보 디자인이 과하지 않으면서 사랑을 잘 표현하고 있었다. 디자이너가 누구였는지 알아보니 우리 교회와 자매교회에 출석하는 자매였다. 연락을 취해 만나 보니 주님이 예비하셨다는 생각이 들 정도로 이야기가 잘 통했다. 과연 그 자매는 153패밀리의 시작과 현재 상황, 비전에 깊이 공감해 주었고 그를 바탕으로 '장칼할배'란 캐릭터를 만들어 주었다. 장칼국수의 정착을 위해 몸 사리지 않고 일하던 시절의 모습이었기에 모자를 쓴 빼빼 마르고 젊은 할배 캐릭터는 감사하게도 보는 이들에게 깊은 인상을 남겼다.

'장칼할배'라는 유튜브 채널은 철저히 나눔을 목적으로 운영했다. 장칼할배가 되기까지 어려운 과정을 잊지 말자는 생각에서 외식업에 관한 나만의 경험과 노하우를 나누고자 했기에 맘 편히 영상과 이야기를 올렸다. 그러다 보니 저절로 신앙 관련 스토리도 올라가고 자연스럽게 내가 믿는 사람임이 드러나는 통로가 되었다.

'아, 이렇게 복음이 전해질 수도 있구나.'

새로운 경험을 하며 나름 장칼 브랜드 정착을 위한 노력을 이어

갔지만 생각보다 전수창업이 원활하게 이루어지지 않아 어려움이 가중되었다. 육수 공장을 통해 육수 공급은 수월해졌지만 여러 매장을 관리 운영하다 보니 사람 문제가 어려웠다. 사업을 하면서 사람을 얻는 일이 얼마나 어렵고 힘든지 치열하게 경험하는 시간이었다. 호의가 당연하게 여겨지고 배려가 배신으로 돌아오는 몇 번의 경험을 통해 마침내 두 손을 들었다.

"주님, 저는 도저히 못하겠습니다. 사람 때문에 이렇게 어려우니 이대로는 도저히 안 될 것 같습니다. 저, 그만할랍니다."

직영점이고 전수창업이고 더 이상 매장을 운영하다가는 말라죽을 것 같은 마음에 사업 그만두겠다고 떼를 썼다. 떼를 쓸 입장이 아니란 걸 알면서도 그 방법 외에는 무엇도 생각나지 않았는데, 이런 나를 불쌍히 여기신 주님이 또 하나의 문을 열어 주셨다.

장칼 메뉴 중에 만두가 있어서 파주의 한 만두 공장에서 납품을 받았는데 어느 날 그 공장이 힘들어졌다는 얘길 들었다. 그 말을 듣는데 하나님이 내게 주시는 기회인가 싶었다. 마음이 계속 쓰여 자세히 상황을 알아보니 코로나 시기가 되면서 공장 운영이 어려워져 마땅한 사람에게 넘길 거라고 했다.

우리와는 수년째 거래를 이어 오던 곳이었기에 그곳의 사정을 잘 알고 있었을 뿐만 아니라 육수 공장과도 가까우니 관리도 어렵지 않을 것 같았다. 무엇보다 모든 시설과 거래처가 갖춰져 있는 공장이니 인수가 가능할 듯싶었다. 또 한 번의 기회라는 생각이 들면서 그쪽과 접촉을 시작했다. 의사를 슬쩍 비추니 아쉽게도 이미 다른 사람에게 넘기기로 했다는 답변을 받았다. '이쪽이 아닌가?' 싶어 약간 실망했는데 이상하게도 계속 미련이 남았다. 이미 다른 곳으로 넘어갔다는데도 한 번 더 두드려 보고 싶었다.

밑져야 본전이란 심정으로 다시 그쪽 대표에게 연락을 취했다. 공장이 어떤 조건으로 매입이 되었는지 물으니 그 사람이 씩씩대며 전날 계약이 깨졌다며 매우 속상해하고 있었다. 주님이 진짜 문을 열고 계신 것 같다는 믿음이 생겼다. 두 번을 두드려 다시 열린 문 앞에서 '주님, 주님만 믿고 갑니다'라는 기도가 나왔다.

그 길로 아내와 만두 공장으로 향했다. 주소를 받아 들고 가 보니 전혀 생소한 곳이 아니었다. 신기하게도 그곳 근처에 와 본 적이 있었다. 사무실과 공장 시설이 갖춰져 있고 일산과도 가까웠으며 권리금도 없이 매물로 나와 있었다. 인수하기에 이처럼 좋은 조건이 없다는 확신이 들었다. 조건이 갖춰진 공장을 통해 제품도 공급하고 공장 거래처를 활용해 납품도 한다면 오히려 캐시카우(cash cow), 계속현금 흐름을 발생시키는 역할을 할 것 같았다. 때마침 코로나 기간이라 소상공인들을 위한 정책자금제도도 생겨 이를 통해 정부 대출도 가능했다.

여러 조건을 두고 볼 때 이 문을 다시 열어야겠다는 확신이 들었고 다시금 새롭게 도전하기로 결단했다. 그동안 관리하던 장칼매장은 적당한 분들이 인수받도록 하면서 7년간의 자영업을 일단락한 뒤 제조업자가 되었다.

공장 인수 계약서를 쓰고 나오면서 걱정이 됐던 것도 사실이다.

공장에서 제품을 만들어 본 경험이 없는 내가 어떻게 식품제조업을 할지 막막했지만, 지금까지 불가능한 상황에서 가능성의 문을 열어 가신 주님의 성실하심을 강하게 붙잡으면 할 수 있으리란 믿음이 생겼다. 환경 때문에 모든 것을 그만두고 싶다는 투정 앞에서도 끊임없이 문을 열고 계신 주님, 그 주님의 선하심을 믿으며 다시 그물을 내려 보기로 했다.

🍲 우리는 왼손잡이 에훗

만두 공장을 인수하면서 우선 예배를 드렸다. 사람 때문에 마음의 어려움을 겪고 있을 때였고 주님이 허락하신 일이라는 믿음은 있었으나 제조업으로 기수를 돌린 게 맞는지 걱정도 되고 무엇보다 식품제조업은 처음이라 불안했다.

사업장을 찾아와 진심을 다해 기도해 준 목사님을 비롯한 교회 식구들은 걱정 어린 시선과 기대하는 눈빛을 보냈다. 무엇보다 든든하게 기도로 버팀목이 되어 줄 믿음의 공동체가 있어 감사했다.

"하나님, 이곳에서 박 집사님 부부가 새로운 일을 시작합니다. 주님께서 허락하신 공장이니 이곳에서 늘 주님 붙잡고 일할 수 있게 하시고 이 공장을 통해 153패밀리가 세계로 뻗어 갈 수 있도록 도와주십시오."

목사님은 그 어느 때보다 말씀 따라 사업하라는 당부를 하시는데 그간 바빠지면서 말씀 묵상에 소홀했기에 가슴이 뜨끔했다.

153패밀리가 시작하는 사업체인 만두 공장은 기적 같은 인수 과정과는 달리 큰 난관에 부딪혔다. 공장을 팔고 나간 대표가 기존의 거래처를 넘기지 않았던 것이다. 골탕을 먹이려는 건지 다른 계산이 있었던 건지 모르겠지만 어쨌든 매우 난감한 상황이 되었다. 게다가 공장 업무를 총괄할 인력도 필요한 상황인지라 기도가 절실했다. 아내는 날마다 눈물로 기도했고 그렇게 기도하는 아내가 있으니 나는 여전히 열심히 뛰어다니면 될 거라 생각했다. 기도에 인색했다.

기존의 시설이나 제조 상황은 그대로 유지되고 있었기에 만두는 잘 만들어졌으나 대량으로 생산되는 양에 비해 납품되는 양은 적었다. 고작 네 개의 직영 매장에 납품될 정도였으니 어떻게든 거래처를 많이 확보하는 게 중요했다. 그러려면 기존 거래처를 확보하든지 새로운 거래처를 뚫어야 하는데, 전수창업을 통해 10개 정도로 늘어난 매장을 관리하는 것만으로도 몸이 모자란데 거래처 영업까지는 무리였다.

그 속에서 내린 결론은 우리가 거래처를 만드는 것, 프랜차이즈 사업으로 확장하는 것이었다. 프랜차이즈를 시작하면 공장에서 생산하는 물건을 거래처에 공급할 수 있으니 수요와 공급이 원활하게 돌아갈 수 있었다. 그래서 그동안 프랜차이즈 사업에 대한 부정적인 관점을 거두고 프랜차이즈 사업을 준비했다.

막상 프랜차이즈는 뚝딱 시작할 수 있는 게 아니다. 회사 차원의 노력과 발품이 필요하고 그러려면 함께 일할 인력이 필요했다.

'주님, 지금까지 사람한테 상처 받아 공장을 인수했는데 또 사람이 필요합니다. 단 한 사람이라도 보내 주세요.'

간절한 마음으로 사람을 찾고 있는데, 어느 날 사모님으로부터 연락이 왔다.

"박 집사님, 공장에 사람 필요해요?"

"네? 사람이요? 일하겠다는 사람 있어요?"

우리 일이라면 발 벗고 나서 주시는 고마운 사모님이 어떻게 아시고 연락을 하셨을까 싶어 감격을 하려는데, 이어지는 말에 실망했다. 사모님이 소개한 사람은 7-8년 전 교회에서 만난 청년이었다. 그는 뮤지션인데, 태국에서 음악 선교를 하다가 중국 여성과 결혼하려고 한국에 들어오는데 그러려면 1년 이상 직장생활을 해야 한다는 조건이 있다는 것이다. 교회 청년의 일이니 사모님이 안타까운 마음에 연락했지만 나로서는 실망이었다. 준비된 사람이 바로 투입되도 모자랄 판에 사회생활이라곤 일천한 청년을 떠안으라는 말로 들렸다. 우리에게 필요한 인재는 프랜차이즈 사업을 기획하고 현장에서 뛰며 마케팅을 하는 멀티 플레이어인데 뮤지션이라니, 나로선 매우 부담스러웠기에 거절했다. 그러나 점점 마음이 불편해졌다. 게다가 프랜차이즈 사업을 진행할 인재 모집 공고에는 한 명도 지원하지 않았고 그를 외면할 수 없다는 마음의 짓눌림으로 결국 청년을 공장으로 불렀다.

공장의 첫 번째 직원이 된 청년과는 두 가지를 함께했다. 몸으로 때우는 일과 예배였다. 우선 프랜차이즈 사업을 기획하고 있었기에 공장 한곳에 창고 공간을 마련해야 했다. 그동안 직영매장 등 10군데 공사에 거의 참여하며 웬만한 공사는 할 줄 아는 나의 지휘 하에 창고를 지었다. 허공에 샌드위치 패널을 설치하고 용접하며 공간을 만드는 과정이 한 달 동안 이어졌다. 한여름 뙤약볕 아래에서 매일 용접 불빛을 마주하며 창고를 만들었다.

나도 그 청년도 매일 땀을 한 바가지씩 흘리며 공사를 진행하는데, 감사하게도 그 친구가 일머리가 있었다. 하나를 알려 주면 한 걸음 앞서 준비할 줄 알았고 지시 사항도 금세 이해한 덕분에 원활하게 작업할 수 있었다. 공사 중에 기계에 손가락이 끼어 다치는 위험천만한 일도 있었지만 다행히 주님은 피할 길을 내어 무사히 일을 마치게 해 주셨다.

공간이 완성되면서 아내까지 우리 셋은 예배를 드렸다. 일산 매장에서 아내와 시작했던 큐티를 다시 시작한 것이다. 그동안 몇 군데 매장을 운영하며 소홀했던 시간을 다시 주님께 돌려드리자는 마음과 함께 그 청년과도 말씀과 비전을 나누고 싶었다. 그렇게 또다시 시작된 셋의 아침 큐티는 은혜가 부어지는 시간이었다. 만두 공장의 현실적인 무게가 아무리 무거워도 말씀을 나누는 시간은 걱정으로부터 벗어나는 시간, 모든 것을 주님께 맡기는 시간이었기에 말씀을 통해 주시는 은혜로 하루를 살았다.

가랑비에 옷 젖듯 매일매일 말씀으로 채워지니 일의 우선순위가 잡히고, 우리 몸이 곧 주님이 임재하시는 지성소이기에 거룩하게 구별되어야 한다는 레위기 말씀을 일상에서 실천하도록 노력했다.

공장도 차츰 생산 라인이 안정적으로 가동되면서 사람이 필요했다. 교회 청년이 초기 세팅에 도움이 되었다면 본격적인 생산을 책임질 인력이 필요했다. 이를 위해 고민하며 사람을 구하던 중 어느 날 교회에서 한 분을 마주쳤다. 알고 지내는 여집사님의 남편으로, 족발 매장을 운영하셨지만 갑상선암이 발병해 치료를 하다가 다른 곳에서 일한다는 소식을 들었다. 그간 이야기를 나눌 기회가 별로 없었는데 그날은 이상하게 감정이 동요했다. 건강 때문에 고생했다는 말을 들어선지, 유치부를 다니는 집사님 아들과의 관계 때문인지 반갑게 인사를 건넸다.

"요즘 잘 지내시죠?"

"네, 집사님. 우리 아들이 장칼국수 먹고 싶다고 해서 얼마 전에 일산 매장에 다녀왔습니다."

"아, 그러셨어요? 하하, 아주 탁월한 선택을 했군요."

근황을 묻자 너무 일이 힘들어 다른 일을 찾고 있는 중이라고 했다. 이건 또 무슨 인연인가 싶은 생각에 담담히 공장 상황을 이야기했다. 프랜차이즈 사업을 시작하려고 하는데 사람이 필요하다는 말에 그분은 단번에 오겠다고 결정하셨고 그 길로 합류하게 되었다.

기계만 덜렁 있던 공장에 나와 아내를 비롯해 음악을 하던 친구, 족발집을 하던 사람이 오게 되면서 153패밀리의 만두 공장은 식품 공장 운영과는 관계없는 비전문가들로 채워졌다. 사람의 눈높이에서 볼 땐 답이 안 나오는 조합 같지만 사람으로 인해 어려움을 많이 겪던 나의 아픔을 아는 주님께서 주신 정답일 거라 믿었다.

다음날 우리 넷은 창고 사무실에 모여 앉아 늘 그렇듯 말씀을 나누었다. 그날 나눈 말씀은 사사기였다. 왼손잡이 에훗을 사사로 부르셔서 이스라엘 민족을 구원하는 데 사용하신 대목을 나누며 말할 수 없는 은혜가 다가왔다.

> 이스라엘 자손이 여호와께 부르짖으매 여호와께서 그들을 위하여 한 구원자를 세우셨으니 그는 곧 베냐민 사람 게라의 아들 왼손잡이 에훗이라(삿 3:15).

고대에서 왼손잡이는 일종의 장애인이었다. 수많은 오른손잡이 엘리트들을 제치고 하나님은 왼손잡이인 에훗을 택해 이스라엘의 구원자로 세우셨다. 내세울 게 없고 오히려 비주류인 그를 선택하심으로써 하나님의 능력은 도구로 쓰임 받는 자의 능력에 좌우되는 것이 아님을 보여 주셨다. 이 구절을 나누면서 우리 넷은 비슷한 은혜를 누렸다. 왼손잡이 같은 나를 하나님이 불러 사용하신다는 것에 무한한 감사와 감격을 느꼈다. 그 어떤 파이팅이나 비전 선포문도 필요 없이 나와 같은 사람까지도 사용하시는 하나님께 감사하는 예배로도 충분했다.

김 집사님이 합류하면서 프랜차이즈 사업과 공장은 빠르게 안정되어 갔다. 코로나를 지나면서 강릉장칼 역시 밀키트를 개발하여 공격적으로 판매를 시작했는데 새로운 분야를 시작하니 또 다른 인력이 필요했다. 공장 안에서 주문받고 배송하는 일을 처리할 사람이 필요했는데 놀랍게도 카페에서 일하고 있던 김 집사님의 아내 집사님이 마침 팔목을 다치는 바람에 쉬고 있었기에 우리 공장 직원으로 합류하게 되었다.

모두 교회에서 만난 이들로 일꾼들이 채워져 가는 게 놀랍고 신기했다. 돌아보면 내 방식으로는 한 사람도 채워지지 않았다. 온갖 방법으로 사람을 구하려 해도 안 되었는데 하나님은 너무도 자연스럽게 우연인 듯 보이지만 치밀하게 준비해 나가신다. 이런 일련의 과정을 주님이 이끄시는 것을 보면서 점점 더 하나님을 신뢰하게 되었다. 언제나 계획을 세우고 제2안, 제3안 등 차선책을 만들어 놓지 않으면 불안했던 나에게 마치 주님이 이렇게 말씀하고 계신 듯했다.

'너는 일하지 마. 내가 할 거야.'

내가 할 수 있는 건 우리의 대안이 하나님이란 사실을 믿는 것이다. 아마도 이 믿음을 허락하신 데에는 내가 나의 방법이 우상이 되지 않도록 이끄신 하나님의 열심이 있었다고 생각한다. 그래서 지금도 사람에게 끌려가는 게 아니라 사람을 인도하시는 하나님의 능력을 믿으려고 한다.

🕎 야베스의 축복

요식업에 뛰어들고 7년 만에 프랜차이즈 비즈니스로 선회하면서 강릉장칼의 브랜드를 알리기 위해 백방으로 뛰었다. 하나님께서 사용하신 왼손잡이 에훗과 같은 심정이 되어 가능한 말씀에 의지하려 노력했고 비즈니스 역시 말씀에 위배되지 않는지 살펴보게 되었다. 특별히 도와줄 멘토가 있는 것도, 제대로 배운 것도 없지만 7년간 현장에서 구른 경험과 주님을 멘토로 믿고 시작했다.

프랜차이즈는 사업 초반에 도움을 주고 나오는 전수창업과는 달리 본사와 가맹점이 파트너십을 맺고 함께하는 비즈니스다. 본사에서 모든 재료와 노하우를 제공하고 관리하며 수익을 나누는 구조이기에 본사 내 전문 인력도 필요하고 시스템도 구축되어 있어야 한다. 그동안은 여력이 부족해서 못하고 있었는데 반드시 해야만 하는 상황이 되었고 그 절실함이 방법을 만들어 내고 있었다.

우선 가능한 많은 매장을 확보하고 관리에 들어가는 한편 본사를 신뢰하도록 창업 시스템을 구축하는 일을 동시에 진행했다. 우리를 알릴 방법은 다양한 광고와 박람회 등에 참여하는 것이었다. 창업 박람회가 열리면 어디든 참여했고 153패밀리를 알릴 수 있는 곳이라면 무조건 나갔다. 현장을 나가 보면 의외로 창업에 관심 있는 이들이 많은데 그들의 주목을 끌어야 했다.

창업에도 초기 자본, 원하는 업종, 니즈에 따라 접근하는 방식도 다르다. 우리는 초기 자본이 많이 들어가지 않으면서 칼국수를 주 메뉴로 하는 만큼 한 시간에 200그릇을 제공할 정도로 빠르고 간편한 조리 방법과 빠른 테이블 회전율 등이 강점이기에 이를 필요로 하는 창업주들과 접촉했다.

직장생활을 하면서 수입원을 찾고 있는 사람, 은퇴와 함께 소자본으로 창업을 준비하는 사람 등을 타깃으로 삼아 프랜차이즈 영업을 이어 갔다. 남대문과 마포 매장 등이 좋은 모델이 되고 있기에 소개하기도 하며 매장을 하나하나 늘려 갔다.

원래 요식업을 하다가 다른 아이템을 찾던 중 강릉장칼을 알게 되신 분, 은퇴 후 강릉장칼 매력에 빠지신 분, 직장생활을 하지만 다른 수입원을 찾다가 장칼국수 전문점을 하겠다고 하시는 분 등 곳곳에서 가맹점에 관심을 갖고 있는 사람들과 만났다.

물론 사업하는 입장에서야 다다익선, 가맹점을 많이 계약할수록 수익구조가 높아지니 회사로선 이익이지만 마음이 걸리는 부분이 있었다. 매장에서 술을 판매한다거나 주일에 장사를 하는 부분까지 가맹점을 일일이 간섭할 수는 없는 노릇이었다. 여전히 지혜롭지 못한 나였기에 그저 안타까운 마음만 가지고 있을 뿐이었다. 크리스천 브랜드 가맹점을 아무에게나 내주어야 하는가에 대한 고민은 계속되었다.

하지만 그 부분은 일단 하나님께 맡겨 둔 채 본사가 해 줄 수 있는 부분을 더 고민했다. 다른 음식에 비해 장칼은 재료가 단순하고 조리가 간편하다는 특장점이 있다. 그러니 막상 음식을 만드는 일은 본사의 레시피만 잘 따르면 무리가 없다. 오히려 상권을 잘 분석하고 소비자들의 니즈(needs)와 원츠(wants)를 제대로 파악해서 매장에 반영하는 데에 집중했다.

가맹점주와의 계약은 호락호락하지 않았다. 마지막일지도 모를 자본을 투자했는데 장사가 잘될지 수익은 안정적일지 아무도 모르기에 깐깐히 따져 보는 건 당연했다. 나 역시 같은 경험자로서 함께 고민하며 다른 프랜차이즈와는 다른 수익 배분 구조를 제시하는 등 상대방의 입장을 가능한 생각하려고 고민하고 발 벗고 뛰었다.

파주 심학산 매장의 경우, 계약할 당시 쓰레기더미였던 땅을 갈아 엎고 매장을 짓기까지 전 과정을 본사가 함께하면서 지금의 줄 서는 가게로 자리매김했다. 워낙 등산객이 많이 이동하는 곳이기에 맛집 으로 이름이 알려지는 게 중요했고 매장의 인테리어도 다른 곳과 차 별화를 이루도록 신경을 쓴 결과 입소문이 나면서 강릉장칼의 대표 가맹점이 되었다.

경기도의 한 매장 역시 강릉장칼의 좋은 파트너로 성장했다. 오남 매가 함께 장사를 하고 있는데 이분들은 이전에도 함께 장사를 해 왔기에 장사에는 능숙한 분들이었다. 조리도 빠르고 성격도 좋지만 너무 계산적으로 사업을 시작하는 건 아닌지 우려가 되기는 했다. 그런데 막상 만나 사업을 진행하니 우선 강릉장칼에 대한 전적인 신 뢰가 있었다. 장사를 많이 해 봤지만 이곳처럼 좋은 재료를 제공하 는 회사를 보지 못했다면서 의욕도 넘쳤다. 우리로선 매우 좋은 파 트너를 만난 셈이다.

보통 프랜차이즈 사업을 하면 본사와 가맹점 사이에 보이지 않은 팽팽한 기싸움이 있는데 그분들은 우호적이었다. 개점 특수를 누리 고 이후 조정기를 맞을 때도 수익 구조를 나누는 시스템이라 로열티 에 대한 불만이 나오곤 하는데, 이 매장은 매출의 완만기를 잘 견디 고 본사와 좋은 관계를 유지하려고 노력했다. 우리로선 얼마나 감사한 일인지 모른다. 이후 무서운 상승세를 이어 가더니 젊은이들에게 유명 맛집이 되었고 50미터 웨이팅이 이루어지는 곳으로 소개되는 등 성공을 거두었다.

그러더니 얼마 뒤 매장을 하나 더 운영하겠다는 의사를 밝혔다. 매장까지 보고 왔다며 계약으로 바로 진행할 수도 있는 상황이었다. 하지만 본사 대표로서 꼼꼼히 확인하는 게 중요했기에 점주와 그 장소로 향했다. 장소 자체만 봤을 때 유동 인구도 있으니 괜찮다고 생각한 것 같지만 내가 볼 땐 아니었다.

보통 가게를 시작할 때 유동 인구를 많이 따지는데 그보다는 주요 고객층의 니즈와 원츠를 파악하고 그것을 만족시킬 수 있는 매장으로 만드는 게 중요하다.

고객의 니즈와 원츠는 조금 다르다. 지금 당장 배가 고파 밥을 먹어야 하는 건 니즈이고, 그 니즈 속에 가려진 원츠는 배가 고프지만 편안하게 기분을 전환하면서 먹고 싶다는 욕구다. 장사하는 입장에서는 손님들의 니즈는 물론 가려진 원츠까지도 파악할 수 있어야 한다. 그런데 그 장소는 주요 고객의 원츠를 담기에 부족해 보였다.

그 매장의 주요 고객이 될 이들은 직장인보다는 젊은 부부, 젊은 주부였다. 아파트 단지와 학원, 병원 등이 모여 있음을 감안할 때 아이를 기다리며, 또는 아이를 픽업한 뒤 주차를 하고 밥 먹을 공간이 필요했다. 또한 눈치 보지 않고 편안히 먹을 수 있어야 하기에 매장이 좁아선 곤란했다. 그런데 그분들이 본 매장은 12평 정도 될까 싶은 작은 공간이었다.

"사장님, 이 동네가 복합 상권으로 구성되어 있어 좋긴 한데 보신 매장은 너무 좁습니다. 보통 매장을 살펴볼 때 고객의 동선을 파악하고 목적지와 머무는 공간 등을 고려해야 하는데 주로 젊은 엄마들을 주 고객으로 삼기엔 매장이 좁은 것 같습니다."

설명을 들은 점주는 본사의 의견을 전폭적으로 신뢰해 주었다. 다음날 다시 연락을 해 온 점주는 같은 상가 건물인데 너무 안쪽에 있는 매장이라며 한번 봐 달라고 했다. 그 길로 달려가 보니 널찍하니 아이를 데리고 식사할 수 있고 유모차를 놓기에도 좋은 자투리 공간도 있었다. 가족형 매장으로 안성맞춤이었고 그곳에 오픈한 매장은 그야말로 대박이 났다.

이렇듯 매장마다 상권과 주요 고객층이 다르기에 본사가 상권을 분석하고, 가맹점주가 마땅한 장소를 선택할 수 있도록 제3자의 입장에서 조언해 주고 지원하자 강릉장칼의 가맹점은 전국적으로 늘어나게 되었다. 구약 역대상에 등장하는 야베스의 축복이었다.

> 야베스가 이스라엘 하나님께 아뢰어 이르되 주께서 내게 복을 주시려거든 나의 지역을 넓히시고 주의 손으로 나를 도우사 나로 환난을 벗어나 내게 근심이 없게 하옵소서 하였더니 하나님이 그가 구하는 것을 허락하셨더라(대상 4:10).

본사로서는 가맹점이 편안하게 장사할 수 있도록 계속 아이디어를 제공했다. 프랜차이즈 비즈니스가 가진 수익 배분 구조는 언제나 주는 쪽은 억울하고 받는 쪽은 적다고 생각한다. 어쩔 수 없는 사람의 마음인가 보다. 우리는 이 부분에서 가능한 분쟁이 없도록 매출에 따른 수익을 나누기보다 매장 평수에 따라 단가를 고정시켜 수익을 나누도록 했다. 받을 것 제대로 받고 제대로 해 주자는 의미였는데, 이를 위해 본사가 더욱 적극적으로 나서 마케팅을 함께했다.

갈수록 고급화되는 요식업계에 강릉장칼이 내걸었던 목표는 K-누들의 대표주자가 되는 것이다. 이를 위해 재료 수준을 높이고 밥은 서비스로 제공하며, 다채로운 토핑을 곁들여 다양한 맛을 선보이는 MZ세대 취향 저격 메뉴, 타 매장보다 넓은 테이블, 시각적으로 고급스럽게 설계된 공간, 가족형 외식 매장에 걸맞은 편리한 주차 공간을 조성하는 데 신경을 썼다. 결국 요식업은 시대의 변화, 문화의 고급화에 따라 고객의 니즈를 넘어 원츠를 충족하는 방향으로 흘러갈 거라는 판단에서였다.

그와 함께 매장마다의 특성을 살린 이벤트 아이디어를 제공하기도 했다. 직장인들이 주요 고객이 되는 곳에서는 직장인의 스트레스 해소용 게임 서비스, 캠페인성 이벤트 등을 통해 음식을 먹으러 온 이들에게 순간의 재미와 감동을 주는 방법을 늘 고민하고 제시한다.

그러다 보니 153패밀리의 강릉장칼 가맹점이 꾸준히 늘어 전국으로 확장되었고 줄서서 먹는 가게로 소개되는 곳들이 생겨났다. 당연히 매출이 증가하는 동시에 손님들의 평가도 좋아 2년 연속 면 요리 분야의 최고상을 수상하는 등 K-누들의 반란을 일으키고 있다.

하나님이 이끄시는 기업 153패밀리

153패밀리는 프랜차이즈 비즈니스를 시작하면서 지경이 넓어지는 은혜를 누렸다. 하지만 사업에는 늘 변수가 많다. 비교적 짧은 기간 동안 프랜차이즈 가맹점을 늘려 가면서 성공을 거두기도 했지만 그렇지 못한 경우도 있기 때문이다.

기대를 잔뜩 하고 가게를 오픈했는데 생각만큼 매출이 오르지 않는다면 모든 화살은 본사로 향한다. 본사가 세팅을 잘못해서, 본사의 메뉴 구성이 좋지 않아서, 돈만 벌 요량으로 장사하니까 등 온갖 구실을 들어 본사를 공격한다. 그들의 상한 마음을 모르지 않기에 함께 문제를 고민하고 해결 방법을 찾아보려고 하는데, 갈등이 깊어질 땐 저절로 기도가 나온다.

무엇보다 마음을 아프게 했던 사건이 있었다. 153패밀리의 프랜차이즈 가맹점의 단골손님이 강릉장칼 가맹점을 해 보겠다는 의사를 밝혀 왔다. 꽤 큰 회사의 부사장으로 일하고 계신 분으로 퇴직을 앞두고 퇴직금을 미리 수령해 가게를 열고자 했다. 매장을 자주 이용하여 음식에 대해 잘 알고 매장이 어떻게 운영되는지 어깨 너머로 보셨기에 확신을 하신 듯했다.

나 역시 그 매장을 자주 방문하면서 그분을 뵈었던 터라 누구보다 진심을 다해 도왔고 같은 가장의 입장에서 사적인 대화도 나누었다. 매장을 오픈하기 전에는 앞으로 장사하시느라 가족 여행은 당분간 힘드실 테니 미리 여행이라도 다녀오시라고 여행 상품을 선물하기도 했다.

그런데 막상 가게를 시작하자 반응이 미지근했다. 그분은 매우 실망하셨고 본사에서는 계속 격려하며 어떻게든 지원하려고 애를 썼다. 원래 매출이라는 게 성장하기 전 완만한 곡선을 그리는 완충기가 있는 터라 그 시기를 잘 넘기면 괜찮을 것 같았지만 그분은 시간이 지날수록 날을 세웠다. 본사에서 진행하는 레시피 교육은 물론 전용 재료 공급에도 불만을 표했으며 마케팅 차원의 요청 사항도 따르지 않았다.

손님으로 볼 때와는 전혀 다른 조급한 모습을 보면서 그를 위해 기도했다. 인내하는 마음과 협력하는 마음을 달라고 기도했으나 그분은 참지 못했다. 가맹점주 가운데 초단기간 내에 두 손을 들어 버렸다. 본사로선 매우 난감한 상황이 되었다. 계약 기간을 채우지 못하고 계약이 파기되는 경우, 중도해지 개런티 문제도 있기에 마음이 어려웠다. 그럼에도 사회생활만 하다가 처음 장사를 하면서 겪게 되는 이질감을 나 역시 모르지 않았고 그분의 가정 상황도 알고 있었기에 가능하면 우리가 손해를 보더라도 해결해 보려고 노력했다.

그런데 어느 날 회사로 소장이 날아왔다. 가맹점주가 본사를 고소한 것이다. 모든 탓을 본사로 돌리며 어떻게든 손해를 보지 않겠다는 민낯에 너무 실망감이 들었다. 마치 내 등 뒤에 칼이 꽂힌 기분이었다.

소장을 받아들고 교회에 가서 참 많이 울었다. 어떻게든 도우려고 했던 나의 진심이 무참히 짓밟혔다는 상처 때문에 울기도 했지만,

회사를 상대로 고소를 진행하면서 그 사람은 또 얼마나 마음이 불안하고 두려웠을까 안타까운 마음에 눈물이 났다.

'주님, 어떻게 합니까?'

할 수 있는 건 눈물 흘리며 매달리는 것밖에 없었다. 상한 심정을 토하고 있으니 내가 할 수 있는 건 잠잠히 기다리는 것뿐이었다. 마침내 그동안 본사와 가맹점 사이에 오고 간 모든 자료를 검토한 법원은 153패밀리의 손을 들어 주었고 상황은 종료되었지만 상처뿐인 영광이었다.

이런 비슷한 사건을 몇 차례 겪게 되면서 혹시 하나님이 무슨 사인을 주시는 건 아닌가 생각이 들었다. 왜 이런 가슴 아픈 일들을 겪게 하시는 걸까, 바쁘게 달려온 시간을 찬찬히 돌아보았다. 그러자 걸리는 부분이 있었다. 매우 바쁘고 분주하긴 한데 분명한 방향 없이, 그저 상황을 모면하는 식으로 사업을 운영했고, 더 깊이 들어가 기업이 지닌 확실한 정체성이 없었다는 생각이 들었다.

본사와 가맹점주 사이에서도, 내부 인력들 사이에서도 뭔지 모를 이질감이 있었고 그들이 나누는 대화에서도 서로 다른 꿈을 꾸고 있다는 생각이 들어 마음이 불편했다. 강릉장칼을 향해 하나님께서 주신 비전과 개입이 기업을 통해 반영되지 않았기에 회사가 흔들리고 있다는생각이 미쳤다.

'주님, 이 회사를 어떤 방향으로 끌고 가야 합니까?'

답답한 마음에 말씀에만 의지하며 기도하는 시간을 이어 갔다. 이제는 제법 신앙의 자리로 가는 것이 당연해졌음에 감사하며 그날도 큐티 잡지로 아침 묵상을 하는데, 우연히 광고 지면에 눈이 갔다. 〈생명의 삶〉이라는 큐티지는 우리 교회 성도들이 대부분 사용하는 책으로, 나 역시 수년간 그 책으로 묵상을 했는데 그날따라 광고 면을 보며 '지면 광고로 우리 회사의 정체성을 알리자'는 마음의 소원이 강하게 들었다.

말을 꺼내기 무섭게 반대에 부딪혔다. 보통 광고라면 잘 알려진 지면을 활용해도 효과가 있을까 말까 한데 큐티지에 기업 광고라니, 신앙인인 직원까지 난색을 표했다. 그들의 반응은 당연했다. 상식적으로 따져 봐도 그들의 계산법이 맞았으나 그 순간 오병이어 현장에서 떡값을 계산하며 안 된다고 말하는 빌립이 되기보다 가진 것을 내놓는 안드레가 되자고 생각했다.

'주님, 우리 153패밀리가 이 지면을 통해 하나님이 이끄시는 기업이라는 정체성이 세상에 드러나게 해 주십시오. 지면을 몇 사람이 보든 어떤 효과가 있든 상관없이 이 광고를 통해 곧 우리 회사가 앞으로도 하나님이 이끄시는 기업이라는 매임을 기꺼이 받아들이고 나아갔으면 좋겠습니다. 이러한 목적이 이끄는 도전이 될 수 있기를 기도합니다.'

솔직한 심정이 그랬다. 수년간 아침마다 말씀을 묵상하면서 지금의 나로 변화시켜 준 책에 기업인으로서 신앙의 각오를 새겨 넣고 싶었다. 이것이 곧 직원들에게 기업이 나아가야 할 지표라고 알리고 나아가 153패밀리와 함께하고 싶은 이들에게 회사를 소개하는 내용이 되기 원했던 것이다.

적지 않은 재정이 사용되어야 했기에 계속 의논하는 과정을 거쳐 마침내 계약하는 단계에 이르렀는데, 계약하기로 한 날 갑작스레 박람회에 참가할 기회가 생겼다. 만두 공장에서 제조하는 장칼밀키트를 선보일 기회가 생긴 것이다. 무엇보다 이 박람회가 해외 시장을 겨냥한 행사인 만큼 프랜차이즈 사업 외에도 제조업을 통한 새로운 판로를 찾고 있는 153패밀리로서는 기회가 될 수 있었다.

상식적으로 생각할 때 당연히 광고 계약을 미루고 박람회를 가는 게 맞았지만 왠지 그러면 안 될 것 같았다. 웬일인지 그토록 마음이 걸렸던 '먼저 그의 나라와 그의 의를 구하라'는 마태복음 말씀이 가슴에 턱 걸려 내려가지 않았다. 이건 하나님의 역사였다. 기업의 정체성을 세우는 게 우선이라는 생각이 강하게 들면서 아내와 직원을 그쪽으로 보내고 나는 광고를 위해 관계자들과 만나 신나게 신앙 이야기를 나누었다. 그들은 153패밀리의 비전을 공감해 주었고 함께 기도해 주었다. 그 만남이 얼마나 소중하고 귀했는지 모른다.

마침내 153패밀리는 '하나님의 이끄시는 기업 153패밀리'라는 정체성을 띤 광고를 싣게 되었고 그것은 우리 기업이 궁극적으로 추구하는 방향으로 지금에 이르고 있다.

박람회를 포기하다시피 하고 믿음의 지체들과 만난 일은 생각지도 못한 열매로 돌아왔다. 큰 기대 없이 박람회에 참석한 아내를 통해 미국 시장 진출이 성사되는 만남이 이루어진 것이다. 하나님은 하나님을 우선하는 신앙의 태도를 기쁘게 받으시며 내가 아닌 누군가를 통해서도 일을 이루신다.

153패밀리는 이후 '하나님이 이끄시는 기업'이라는 타이틀을 가지고 사업을 진행했다. 믿지 않는 직원들이 어떻게 생각할지, 가맹점주들이 반발하지 않을지 눈치 보는 일을 그만두기로 한 것이다. 물론 강압적으로 정체성을 요구하는 게 아닌, 그들이 자연스럽게 받아들일 수 있기를 기도했고 지혜로운 방법을 사용 중에 있다.

가장 큰 변화는 강릉장칼을 판매하는 매장에서 하나님을 알리게 한 것이다. 국내 토스트 전문점으로 성공을 거둔 기업의 대표는 가맹점을 낼 때 신앙 추천서를 받을 정도로 철저히 신앙인 위주로 사업을 한다고 하는데 우리는 그렇게까지 할 수 없기에 최대한 간접적인 방법을 사용했다.

우선 가맹점주들에게 본사의 정체성을 확실히 알렸다. 이미 우리기업이 크리스천 기업이란 사실을 대부분 알고 있지만 이제는 정확히 하나님의 이끄시는 기업을 표방한다는 사실을 공언하며 교회를 활용한 마케팅을 제안했다.

매장을 오픈하게 되면 우리가 어떤 기업인지 명시하는 153패밀리 액자를 매장에 걸어 둔다. 요한복음 21장 말씀과 153패밀리의 캐릭터가 디자인된 고급스런 액자는 인테리어적인 면에서도 훌륭하여 호기심을 불러일으킨다.

이것이 교회를 활용한 마케팅이 될 수 있다. 어느 매장이나 인근지역에 크고 작은 교회가 있기 마련이기에 153패밀리 액자는 교인들의 눈에 띄는 연결고리가 되어 교회가 훌륭한 고객이 되어 줄 것이다. 물론 저변에는 가맹점주들이 믿는 자들과 자연스럽게 접촉하며 하나님을 믿게 되는, 복음 전달의 장이 될 수 있으리라는 기대감이 들어 있는데 다행히 점주들은 이 마케팅에 수긍한다.

가맹점주가 하나님을 믿는 신앙인이라면 말할 것도 없지만, 믿지 않는다면 기업을 좋게 바라보는 교인 고객들이 자연스럽게 점주에게 복음을 전할 수도 있을 테니 어떤 채널을 통해서든 153패밀리가 추구하는 정신이 흘러가길 기도하는 마음이다.

하나님이 주인 되는 기업이 되기 위한 치열한 노력은 지금도 계속되고 있다. 교회와 매장을 잇는 복음 마케팅, 매장과 복음을 잇는 교회 마케팅이 주효하길 기대한다.

> 무엇을 먹을까 무엇을 마실까 무엇을 입을까 하지 말라 이는 다 이방인들이 구하는 것이라 너희 하늘 아버지께서 이 모든 것이 너희에게 있어야 할 줄을 아시느니라 그런즉 너희는 먼저 그의 나라와 그의 의를 구하라 그리하면 이 모든 것을 너희에게 더하시리라(마 6:31-33).

또 다른 그물

153패밀리가 강릉장칼로 K-누들의 인기를 얻은 것은 감사한 일이었으나 회사는 재정적인 면에서 그리 건강한 편이 아니었다. 뜻이 있어 인수하게 된 만두 공장이 여전히 돌파구를 찾지 못하고 있었고 가맹점의 증가세도 답보 상태였기 때문이다. 기회를 주셨지만 그것을 누리는 건 나의 몫이라는 것을 알려 주시려는 듯했다.

인수한 만두 공장에서는 하루 8천 개씩 만두가 생산되고 있었고 그것을 매장에서 모두 소화하기란 어려운 일이었다. 게다가 제조 인력은 갈수록 찾기 힘들었기에 다른 판로를 모색한 것이 밀키트 시장이었다. 워낙 간편해진 식생활 문화로 밀키트 시장도 커졌기에 과감히 도전장을 내밀었는데 막상 뚜껑을 열어 보니 쉽지 않았다. 이쪽 분야도 처음이라 하나하나 배워 가며 진행하는 동시에 장칼을 세계적인 K-누들 브랜드로 만들겠다는 꿈을 실현할 수 있는 해외 쪽으로 시선을 돌렸다. 물론 이번에도 맨땅에 헤딩하는 마음으로 하나님 백그라운드만 믿었다.

그런 와중에 153패밀리 기업의 기독교적 정체성을 우선적으로 세우고자 광고를 진행했고, 그 광고를 진행하던 날 공교롭게도 박람회가 잡혔다. 국제간편식 HMR 전시회는 간편하게 조리해서 먹을 수 있는 제품을 선보이는 자리로, 밀키트 생산과 함께 시장을 넓혀야 하는 시점이라 우리로서는 이 박람회 참석이 최우선순위였다. 그러나 그날 선약으로 잡아 둔 광고 계약을 진행하며 박람회는 아내와 직원에게 맡겼다. 어떻게 보면 박람회라는 중요한 기회를 포기한 것이나 마찬가지다. 1%의 후회나 미련은 없었다. 하나님이 이끄시는 기업이라는 정체성을 확실히 세우는 것이 무엇보다 우선순위란 생각밖에 안 들었기 때문이다.

신기한 일은 그날 일어났다. 박람회에 다녀온 아내가 그곳에서 귀한 인연을 만났다는 것이다. 여러 업체가 부스에서 제품을 선보이는 현장은 소리 없는 전쟁터다. 어떻게든 바이어들의 마음을 사로잡아야 하고 제품의 가치를 어필해야 한다. 하지만 그날 강릉장칼은 그 역할을 할 내가 없었고 직원이 부스만 지키고 있었기에 큰 관심을 받지 못하고 있었다.

그런데 부스 옆에 앉아 있던 신사 한 사람이 유심히 우리 회사 로고를 바라보더란다. 워낙 해외 바이어가 많이 오가는 자리라 그중 한 사람이겠거니 생각하고 있는데 그 사람이 아내에게 물었다.

"회사 이름이 153패밀리네요. 혹시 성경 구절에서 따온 숫자인가요?"

"네, 맞습니다. 크리스천이시군요."

"그렇습니다. 아, 이런 곳에서 크리스천 기업을 만나다니 정말 반갑습니다."

그분은 미국과 한국을 오가며 무역업을 하는 기업의 대표였다. 국내에서 음료를 생산하면 그것을 미국의 유명한 유통 매장에 납품하는 중간 역할을 하고 있었는데, 워낙 오랫동안 사업을 했기에 내로라 하는 유통 매장과 연결고리를 가지고 계셨다. 박람회에 온 것도 탐색 차원에서 오신 것인데 153패밀리라는 국내의 작은 기업이 지향하는 바를 듣더니 태도가 돌변했다. 박람회에 모여든 해외 바이어들에게 153패밀리의 장칼을 적극적으로 소개해 주었고 미국 시장으로 진출할 수 있도록 다리를 놓아 주셨다.

그야말로 귀인이었다. 하나님이 준비하신 만남이라고 밖에 생각이 들지 않았다. 뭔가 하나님이 하실 건가 보다 생각하면서도 한편으론 '과연 진짜 미국에서 주문이 들어올까?'라는 의심의 마음과 '혹시 주문이 많이 들어오면 어떻게 준비해야 하지?'란 걱정도 앞섰다. 아직도 주님께 100% 의지하지 못하는 나의 한계였다.

나로서는 현실적인 문제도 고민이 되었다. 미국 시장이 열리게 되면 너무 좋겠지만 만약 수출을 하게 되면 주문량도 많을 텐데 현재 만두 공장의 규모로 많은 양의 밀키트를 생산하기엔 역부족이었다. 만약 만든다 한들 보관을 어떻게 할 것이며 해외 시장으로 나가는 제품은 포장 방식도 바꿔야 하는데 그 공장 설비며 인력과 재정을 어떻게 감당할 것인지 머리가 지끈거렸다. 모르긴 해도 수십 억은 필요할 듯싶었다.

결국 그럴 만한 공간과 자금이 없다는 결론에 이르렀지만, 하나님이 주신 기회를 인간적인 생각으로 제한할 수는 없다는 생각에 조심스럽게 알아보기 시작했다. 이런 상황 가운데 진짜 미국에서 밀키트 수출 의뢰가 들어왔다. 박람회에서 만난 대표를 통해 미국 H마트와 연결된 것이다. H마트는 거의 미국 전역에 들어가 있는 유통업체로, 없는 게 없는 마트라 보면 된다. 그곳에 강릉장칼 밀키트가 당당히 진열대 위에 놓이는 것이다.

설마 했는데 진짜 미국 시장이 열리는 듯했다. 일은 급박하게 돌아갔다. 미국 측에서는 수출 단가를 달라고 요구하는 등 적극적인 자세로 나왔고 우리로선 다음 단계까지 준비해야 하는 상황이라 최대한 까다롭게 조건을 내걸었다. 그런데도 계약 조건을 수용하겠다는 의사를 밝혀 왔고 그렇게 1차 수출 건을 진행하게 되었다.

마음이 급해진 건 우리 쪽이 되었다. 1차 주문량은 어떻게든 공장에서 맞출 수 있을 테지만 미래를 대비해야 했다. 물론 지속적으로 수출이 진행될지 시장이 넓혀질진 알 수 없지만 주님이 깔아 주신 판에 준비된 자가 되어야 한다는 생각뿐이었다. 막연한 바람이지만, 파주에 있는 만두 공장과 일산 장항동에서 운영되는 프랜차이즈 사업팀, 일산의 육수 공장 등 분산된 조직을 하나로 합치고 싶었다. 세 군데로 분산되어 있으니 조직적으로 일이 진행되지 않고 무엇보다 영적으로 소통할 수 없다는 답답함이 컸기 때문이다. 그러려면 시설과 시스템을 한데 합친 공간이 필요하다는 결론이 나왔다.

'주님, 우리 현실을 아시잖습니까. 정말 저는 아무 힘이 없습니다. 아무 능력도 안 됩니다. 오직 하나님밖에 없습니다.'

매일 아침 큐티를 하면서 이런 기도만 드렸던 것 같다. 현실적인 상황으로 볼 때 거의 가능성이 없었다. 시설과 설비, 조직을 갖춘 사옥을 어떻게 우리 형편에 맞게 구할 수 있을까. 거의 매일 좌절했다. 나의 연약함이었다.

그럼에도 소년의 보리떡 다섯 개와 물고기 두 마리를 보신 예수님을 바라보며 1% 기대감을 안고 알아보러 다녔다. 우리에게 필요한 조건은 본사 사옥과 공장을 한꺼번에 수용할 수 있는 식품 공장이어야 했다. 만두 공장을 인수했을 때처럼 시설 설비가 구비되어야 바로 가동할 수 있고 사옥도 갖추고 있어야 사업팀과 영업팀이 한데로 모여 한 팀으로 움직일 수 있었다. 또한 가장 중요한 조건으로 교회와 멀지 않아야 했다. 이건 내 신앙을, 믿음을 지키는 최후의 보루 같은 것이기도 했다.

우선 부동산을 통해 알아보니 쉽지 않았다. 기존에 운영되고 있는 공장은 턱없이 비쌌고 멀었다. 누군가는 차라리 공장을 지으라고 했다. 그 생각을 안 한 것도 아니지만 작은 매장도 아닌 식품 공장을 짓는 데 걸리는 1년 반이라는 시간을 참아 낼 재간이 없었다.

점점 미국에 수출할 날짜는 다가오고 다음을 대비해야 하는데 마음이 바싹바싹 타들어 갔다. 멘토가 절실해지는 순간이기도 했다. 먼저 길을 걸어간 선배가 조언이라도 해 주면 얼마나 좋을까 아쉽기도 했지만 그래서 더욱 주님을 붙잡고 늘어졌다. 힘들수록 더 열심히 예배드렸고 나에게 주어진 사역에 충실하려고 했다.

막막한 가운데 어느 날 아침 묵상을 하는데 에베소서 말씀이 마음에 훅 들어왔다.

우리 가운데서 역사하시는 능력대로 우리가 구하거나 생각하는 모든 것에 더 넘치도록 능히 하실 이에게 교회 안에서와 그리스도 예수 안에서 영광이 대대로 영원무궁하기를 원하노라(엡 3:20).

이 말씀을 읽는데 주님의 무한함을 떠올리게 되었다. 하나님은 이 땅을 창조하신 분이고 우주 만물의 주인이신데 당신의 자녀가 구하고 생각하는 것에 넘치도록 능력을 부어 주신다는 확신이 들었다. 돌아보니 매번 답이 안 나오는 상황에서도 하나님은 돌파구를 마련하셨고 넉넉히 채워 주셨다. 은혜는 늘 과거지향적이라 돌아봐야 기

억할 수 있다. 현실에 짓눌리면 과거를 돌아봐야 하는 이유가 거기
에 있다.

이 말씀을 읽으면서 뭔지 모를 평안함이 밀려왔다. 눈앞에 펼쳐
진 막막한 현실은 그대로였지만 주님이 또 다른 그물을 던지고 계
시는구나, 하는 믿음이 생겼다. 바라는 것의 실상이 될 믿음을 붙들
었다.

🏮 20억 1530만 원의 기적

'박 대표, 파주 지목리 쪽에 식품 공장 하나가 경매로 나왔네. 한번
알아봐.'

지인에게서 온 문자였다. 순간 소름이 확 돋았다. 당시 나는 외식
고위자 과정을 이수해 보란 교회 성도의 제안을 받고 공부하던 중
이었다. 이제 인위적인 만남은 피하고 싶다는 마음에 이 공부 역시
하지 않으려고 했지만 생각해 보니 요식업을 하는 사람으로서 도
움이 될 것 같아 배움을 이어 가고 있었다. 그 과정을 통해 우연히
지근거리에 계시는 분과 친분을 쌓게 되었다. 수업을 듣기 위해 함
께 움직이다 보니 자연스럽게 신앙과 사업 이야기를 나누었는데
그 과정에서 경매 물건 정보를 받게 된 것이다. 문자를 보낸 지인은
26억 건물이 16억부터 경매가 시작된다며 설명까지 덧붙여 주었다.

건물 위치를 찾아보니 우리 공장 인근이었다. 경매 물건은 10억이

나 낮은 가격에서 시작되어 부동산을 통하지 않고 알음알음 진행되기에 나 같은 사람은 전혀 접할 수 없는 정보였다. 다행히 지인이 경매 물건에 대한 재정 자문을 하고 있었기에 정보가 빨랐던 것이다.

그 말을 듣고 바로 공장으로 가 보니 샌드위치 패널이 아닌 4층짜리 철근 콘크리트 건물이었다. 식품 공장이라 시설도 어느 정도 되어 있는 상태였다. 건물을 보는 순간 준비된 건물이라는 확신이 들어 어떻게든 이 건물을 우리 회사로 만들어야겠단 생각이 들었다. 경매 물건은 워낙 경쟁자가 많다 보니 가능한 끝까지 존재감을 드러내지 않고 살펴봐야 한다. 007작전을 방불케 할 정도로 며칠을 그 장소를 방문하며 염탐해 봤는데 153패밀리 사옥으로는 딱이란 확신이 들었다.

일단 경매 입찰일까지 계약금만 마련하면 이후부터는 담보가 생겨 대출을 활용할 수 있기에 우선 경매 입찰금 마련에 주력했다. 수중에 가지고 있는 재정은 거의 없었다. 계약금마저 빌려서 마련해야 하는 상황이라 은행을 찾아갔다.

사정을 들은 은행 선배에게 계약금은 빌려줄 수 있다는 긍정적인 답변을 들었는데, 마음이 영 불편했다. 선배 손목에 커다란 묵주가 채워져 있었는데 어찌나 선명하던지 좋은 대답을 들었음에도 과연 하나님의 방법이 맞나 싶었던 것이다.

계속 물음표를 안고 집으로 돌아가는데 한 사람이 생각났다. 십수년 전 우리 은행의 고객으로, 어렵게 전도해서 우리 교회 성도가 된 누님이다. 그 길로 누님의 집으로 향했다. 남편이 소천한 뒤 홀로 농장 한 켠에서 살고 있었는데 가 보니 너무 허름해서 가슴이 아팠다. 그냥 두고 볼 수 없어 그 길로 손을 걷어 붙이고 뚝딱뚝딱 리모델링을 해 주었다. 공장이나 매장이나 맨손으로 공사하는 데 익숙했던 나였기에 솜씨를 좀 발휘하니 농장 안에 꽤 괜찮은 거처가 마련되었다.

고마워하는 그와 차 한 잔을 나누는데 문득 아이디어가 떠올랐다. 실은 이 누님이 보험 일을 하면서 교회 내부에서 트러블을 일으키고 있었다. 영업 목적으로 성도들에게 접근하는 건 피해야 하는데 직업상 그러지 못했고 나로서도 난감한 입장이었다. 그런데 순간 '아, 농장을 담보로 잡으면 어떨까' 싶었다. 농장을 담보로 경매 계약금을 빌리고 우리 회사가 그에게 이자를 지급한다면 고정적인 수입이 필요한 누님으로서는 보험회사를 그만두고 더 이상 교회에서 문제를 일으키지 않을 테니 서로에게 유익한 전략이란 생각이 든 것이다.

조심스럽게 의견을 물으니 흔쾌히 승낙했다. 알아보니 딱 우리가 필요한 금액만큼 대출이 가능했다. 게다가 하루만에 대출을 승인해 주겠다니 과연 하나님이 이끄신 극적인 상황이었다.

자금이 마련되고 경매 날짜가 다가오니 마음이 떨렸다. 입찰 금액에 따라 당락이 결정되기에 마음이 천 갈래였다. 모든 자료를 구비한 뒤 전날 목사님을 찾아갔다. 목사님과 사모님, 나와 아내가 앉아 기도한 뒤 의논했다. 26억짜리가 유찰되어 16억 5천만 원에서 시작하는 경매에 얼마를 써서 낼 것인가 의견을 나누는데 목사님이 물었다.

"박 집사님, 이 일에 확신이 있어요?"

"하나님이 하시는 일이라는 믿음이 있습니다."

"그래요. 그럼 얼마를 쓰고 싶어요?"

"저야 부담이 적은 게 좋은데…. 20억은 써야 할 것 같으니 20억 천만 원이면 어떨까 싶습니다."

이 말에 목사님은 20억 1530만원으로 정하자고 하셨고 그 말씀을 듣자 수긍이 되었다. 정답은 없었다.

마침내 입찰일을 맞이했다. 입찰을 위해 도움을 줄 지인들도 와주셨다. 한 분은 경매 전문가로 우리 교회에서 신앙생활을 하고 계셨고, 또 한 분은 은행에서 함께 일한 선배로 회계쪽 전문가였으며 은퇴 후 153패밀리로 합류하게 되었다. 나로선 굉장히 든든한 지원군이었는데 그분들이 현장 분위기를 보더니 1억 정도 가격을 내려도 될 것 같다는 공통적인 의견을 주었다. 이제 막 우리 회사와 교회에 합류하게 된 지인이자 전문가였기에 그들의 의견을 흘려 넘길 수도 없는 일이었다.

순간 갈등이 되었다. '1억이면 큰돈인데 괜히 가격을 높여 써서 손해 보는 건 아닐까', '괜히 1억 아끼려다 낙찰에 실패하면 큰일이지.' 두 마음이 왔다갔다하는 가운데 믿음대로 가기로 했다. 원래 마음먹었던 금액인 20억 1530만 원을 낙찰가로 썼다.

한 시간 동안 결과를 기다리는데 1초가 1시간 같았다. 길고 초조했던 기다림 끝에 낙찰 결과 발표 시간이 되었다. 입찰 경쟁을 한 세 사람 모두 판사의 입술만 쳐다보고 있는데 드디어 판사가 첫마디를 뱉었다.

"153패밀리 주식회사, 20억 1530만 원 쓰신 거 맞습니까?"

"네."

"다음 000 씨, 20억 1010만 원 맞습니까?"

그 말에 우리 일행은 일제히 와아 함성을 질렀다. 순간 눈물이 핑 돌았다. 과연 하나님이 이 공장을 예비하셨다, 내 믿음이 맞았다는 감격과 하나님의 세심한 숨결이 느껴지는 듯했다. 모두가 얼싸안고 기쁨을 누리면서 새삼 감사했다.

만약 두 분의 의견을 따라 금액을 낮춰 썼다면 경매 전문가 집사님은 교회에서 나를 보는 게 힘들었을 것이고, 선배님 역시 입찰 실패에 큰 책임을 느끼고 회사 일에 합류하기 힘드셨을 것이다. 다행히 믿음 따라 거둔 성공이 이 두 영혼, 아니 세 영혼을 살렸고 교회와 회사까지 살렸으니 하나님의 은밀하고 세밀한 인도하심에 새삼 놀랍고 감사하여 나도 모르게 이런 선포가 나왔다.

"주님, 감사합니다. 주님이 하신 겁니다. 이 회사를 주님께 드립니다."

놀라운 과정은 계속 이어졌다. 입찰만 따냈을 뿐 이후 잔금을 치르고 공사하는 모든 과정은 준비되어 있지 않았기에 그저 주님만 바라보고 가야 하는 상황인데, 은행 측에서 건물의 상태를 보더니 입찰금을 제외한 잔금 대출과 추가 대출까지 가능하다는 통보를 받았다. 거의 아무것도 없는 상태에서 153패밀리 공장과 사옥이 올라가게 된 셈이다.

우리의 생각과 계획보다 훨씬 앞서가시는 하나님의 계획 앞에 나의 하찮은 계획은 무용하다. 153패밀리 사옥의 기적은 우리에게 뿐만 아니라 이 일에 참여한 모든 이들에게 생생한 기적을 느끼는 시간이 되었다. 처음 나에게 경매 정보를 전달해 준 분은 무모한 도전이었던 일이 실제로 이루어진 것을 보고 과연 하나님이 살아 계시다는 사실을 알았다. 농장을 담보로 계약금을 대출할 수 있도록 해 준 누님은 보험 일을 그만두고 우리 회사에 와서 열심히 일하며 신앙생활을 한다. 무에서 유를 창조하신 하나님을 본 153패밀리의 직원들 역시 하나님의 존재를 믿게 되었으며, 경매 과정을 함께한 이들은 더욱 뜨겁게 하나님을 신뢰하게 되었다.

절묘한 타이밍과 드라마틱한 전개 과정으로 위기의 상황을 기회로 바꿔 놓으신 하나님 아버지 앞에 또다시 무릎 꿇게 된 순간이다.

> 이는 내 생각이 너희의 생각과 다르며 내 길은 너희의 길과 다름이니라 여호와의 말씀이니라 이는 하늘이 땅보다 높음같이 내 길은 너희의 길보다 높으며 내 생각은 너희의 생각보다 높음이니라(사 55:8-9).

🕎 기도, 아름다운 부서짐

사업을 시작하면서부터는 언제나 롤러코스터를 탄 기분이다. 더 정확히 말하면 매번 기대하고 깨지는 과정의 연속이었다. 처음엔 인간적인 생각으로 이해하려고 했는데 어느 순간이 되니 시험이 들었고 절정에 이르자 못하겠다는 절규가 나왔으며 이제는 기대가 된다. 환난은 인내를, 인내는 연단을, 연단은 소망을 이루게 하신다는 말씀이 실제적으로 다가온 기분이다.

20억 1530만 원으로 건물을 낙찰받고 미국 수출에 청신호가 들어왔을 땐 구름 위를 걷는 기분이었다. 앞으로 갈 길은 멀었지만 하나님이 153패밀리를 기뻐하고 계시다는 확신이 있었기에 뭔가 이루시겠구나, 이젠 정말 뭔가 되려나 보다 생각했다. 그런데 섣부른 기대는 인간적인 노력만 부추긴다.

본사와 공장을 함께 들어설 공장을 인수한 뒤 우리는 미국 수출 건에 매달렸다. 한국의 장칼이 미국 한복판에 선보이게 되는 과정이니 온갖 신경이 곤두섰다. 매일 공장에 나가 생산되는 과정을 확인하고 포장을 점검했다.

그러면서 미국행을 결정했다. H마트에서 처음 선보이는 강릉장칼에 힘을 실어 주고 회사 홍보도 할 겸 원대한 계획을 세웠다. 직원으로 함께 일하고 있는 아들과 나, 그리고 아내까지 셋이 팀을 꾸려 다양한 마케팅 방안을 내던 중 반가운 소식도 있었다. 미국에서 프랜차이즈 사업을 하는 사람이 장칼 전문점을 시작해 보고 싶단 의사를 밝혀 왔던 것이다. 이미 현지에 일본 라멘집을 운영하며 성공을 거둔 바 있는 그 사람은 현지에서 인기를 끌 만한 누들 전문점을 찾던 중 우리를 알게 되었다고 했다. 현지에서 장칼을 직접 조리해 팔 수 있다면 그것만큼 좋은 일도 없었기에 이게 무슨 일인가 싶었다.

더욱 반가운 것은 미국 수출 건을 연결해 주었던 대표님과 연락이 닿아 미국에서 만날 수 있게 된 것이다. 우리로선 미국 방문으로 일석 몇 조의 효과를 얻겠다 싶어 잔뜩 기대가 되었다.

이번에도 계획형 인간의 본성이 발휘되었다. 미국의 한 매장에서 강릉장칼을 홍보할 수 있는 기회이니 회사 티셔츠를 입고 제품을 홍보하고 나의 특기인 영상을 활용하여 홍보 영상도 틀고 현지 프랜차이즈 관리자 인터뷰 영상도 찍을 계획도 세웠다. 현지 프랜차이즈 관계자와 만나 북창순두부와 같은 현지 매장의 가능성도 타진해 보고, 회사의 일원이자 가족이 함께하는 출장이다 보니 가족과 보낼 시간도 마련하는 등 불과 일주일 안에 빽빽하게 계획을 짜 넣었다.

그런데 출국일이 하루하루 다가오는 과정에서 그간 기대에 부풀어 세웠던 계획들이 하나하나 좌절되기 시작했다. 우리가 도착하면 당연히 마트에 물건이 진열되리라 예상했는데 여러 가지 사정으로 불가능해졌다. 현지에서 한국 물건을 수입하는 담당자를 소개받아 인터뷰를 하려고 했으나 소개를 받지 못했다. 미국으로 가는 최우선 목적인 제품 담당자와의 미팅, 제품 홍보가 불가능해진 것이다.

갑작스레 급변한 상황 앞에서 또다시 마음이 흔들렸다. 롤러코스터 같은 상황 속에서 내가 계획한 대로 진행되지 않을 때가 더 많음을 언제나 느낀다. 이번에도 내 생각이 앞서갔음을 깨달았고 나도 모르게 '기도의 자리'로 나가야겠다는 마음이 들었다.

부끄러운 고백이지만 하나님을 믿게 되면서 가장 열심히 했던 것은 예배였다. 주님을 믿는 것은 곧, 예배를 열심히 드리는 것이라 여겼던 나였다. 겉으로는 누구보다 교회에 열심히 나와 행사에 열심히 참여하고 봉사했으니 괜찮은 크리스천으로 보였고 스스로도 그렇게 생각했다. 신앙생활은 예배 잘 드리면 된다고 생각했기에 그 외의 훈련은 중요하게 생각하지 않았다.

그러다가 말씀 큐티를 통해 주를 더 깊이 알아 갈 수 있었다. 담임 목사님 설교를 통해 말씀을 듣는 것과 주님이 직접 전해 주시는 말씀을 묵상하는 것은 달랐다. 나에게 직접 말씀하시는 아버지의 음성을 들으려고 노력하는 과정에서 아침마다 지혜를 얻었고 말씀이 삶에 반영되어 삶이 변화되고 생각이 바뀌는 놀라운 일을 경험했다.

그러면서도 기도는 소홀했다. 기도는 하나님과의 대화라는 것도 알고 말씀과 기도가 함께해야 한다는 것을 알면서도 기도가 잘 안 됐다. 그런 까닭에 목사님이나 사모님, 아내로부터 기도하라는 권면을 받을 때도 건성으로 반응했다. 그러니 기도의 응답을 경험한 적도, 주님과 대화하는 경험도 없었다. 그러고 보면 그동안 주님도 참 많이 참으셨던 것 같다. 마치 이전에 내가 아이들에게 일방적으로 이야기할 때와 같은 느낌이었을까.

어쨌든 벽에 막힌 듯한 상황 앞에서 기도가 생각났고 그날로 새벽기도회로 향했다. 하루 첫 시간을 하나님께 기도로 나아가는 순간 마치 주님은 '내가 널 기다렸다' 하는 마음으로 날 맞아 주셨다. 화려한 미사여구와 성경 구절을 인용하며 근사하게 기도하지 못하는 나였기에 그저 할 수 있는 기도는 '주여, 저를 불쌍히 여겨 주시옵소서'였다. 성령이 말할 수 없는 탄식으로 기도를 대신해 주신다는 말씀을 떠올리며 그저 울며 주님의 이름만 불렀던 것 같다.

그렇게 시작된 기도를 통해 주님은 위로를 주셨다. 예배당 뒷자리에 앉아 그저 당신의 아들을 불쌍히 여겨 달라는 울부짖음을 안타깝게 바라보는 아버지의 마음이 느껴졌다. 우는 자와 함께 우시는 아버지의 눈물과 더불어 이사야 말씀이 위로로 다가왔다.

> 두려워하지 말라 내가 너와 함께함이라 놀라지 말라 나는 네 하나님
> 이 됨이라 내가 너를 굳세게 하리라 참으로 너를 도와주리라 참으로
> 나의 의로운 오른손으로 너를 붙들리라(사 41:10).

그동안 부담스럽고 시간 낭비라고 생각했던 기도에 대한 인식이 바뀌면서 미국 출장 건 역시 하나님께 맡기겠다고 선언했다.

"주님, 지금까지 사업을 통해 놀라운 일을 만들어 가셨던 아버지만 믿고 가겠습니다. 주님이 원하시는 일이라면 미국 출장을 통해 세계를 향한 꿈이 열리리라 믿습니다. 그게 아닐지라도 우리를 그곳에 보내신 뜻이 있을 거라 믿습니다."

셋이서 떠난 미국 출장길은 가볍지만은 않았다. 예상대로 우리 제품은 진열조차 되지 않은 상황이었고 프랜차이즈 관리자도 만나 볼 수 없었다. 그러니 영상도 찍는 둥 마는 둥 수확이 거의 없었다. 또한 실제로 둘러본 H마트의 어마어마한 제품들 사이에서 우리 강릉장칼 제품이 얼마나 눈에 띌 수 있을 것인가, 샘플로 보낸 제품들이 판매로 이어지고 2차 주문으로 들어올 수 있을지 회의감이 밀려왔다.

다행히 이틀 뒤 제품이 마트에 진열되고 촬영도 하면서 관계자도 만났지만 이미 현장을 보면서 뭔가 새로운 인사이트가 필요하겠다는 생각이 들었다. 마트에 제품을 납품하는 것도 좋지만 그보다 판

매층을 겨냥해서 좀 더 전략적으로 홍보하고 판매하는 게 낫겠다 싶어 매장 컨설턴트를 통해 게스트하우스를 37년째 운영하는 분을 만날 수 있었다. 게스트하우스에서 현지인이 장칼을 요리하는 과정도 촬영하고 인터뷰도 나눠 볼 요량이었으나 주님의 뜻은 그와 함께 신앙의 이야기를 나누는 데 있었다. 결국 그곳에서 장칼 이야기는 거의 못 나누었던 것 같다.

다음 날에도 마찬가지였다. 우리 회사에 협업을 제안했던 마스터 프랜차이저와 만났을 땐 '혹시나' 하는 기대감을 가졌다. 일본 라멘 가게처럼 현지를 공략할 장칼 매장을 열 수 있다면 가장 베스트였기 때문이다.

그러나 현지에서 조리한 장칼을 먹어 본 그 사람의 반응은 냉담했다. 장칼에 대한 정보만 보았지 직접 먹어 본 건 처음이었던 그는 장칼이 지니고 있는 장점이 미국 현지에서 불리하게 작용하리라고 신랄하게 지적했다. 면발의 굵기, 육수 베이스에 대한 취향, 누들이라는 음식에 대한 인식과 그들의 식문화 등 현지인들이 기대하는 한식에 대한 개념을 확실히 깨닫는 쓰라린 시간이었다.

실제로 그의 이야기를 듣고 현지에서 엄청나게 인기를 얻고 있는 한식집 매장을 방문해 보니 현지인들의 입맛을 사로잡는 식문화가 무엇인지 피부로 와닿았다. 한식만의 매력, 푸짐한 한 상 차림의 정성과 최상의 맛을 기대하는 그들에게 K-누들로서 도전장을 내밀려면 전략이 더 필요했다. 결과적으로 현지 매장의 운영은 아직은 역부족이라는 점에 공감하며 잠정 보류되었지만 현지를 파악할 수 있는 기회였음에 만족하며 미국에서의 일주일은 그렇게 마무리되는 듯했다.

그러다 박람회에서 만났던 대표와 만남이 이루어졌다. 다행히 우리를 위해 시간을 내 주셔서 미국 기업들이 모여 있는 부에나파크 쪽으로 갔다. 그분이 경영하고 있는 회사 역시 그곳에 있었다. 우리로선 고마운 인연이었기에 감사의 인사와 함께 사업이 진행되는 과정에 대해 허심탄회하게 털어놓았다.

나로선 그분과 처음 만나는 자리였는데도 위로를 받고 싶었는지 속마음이 나왔고 회장님 역시 이심전심이었는지 자신과 기업의 스토리를 덤덤히 말했다. 유명한 음료를 국내에서 생산한 뒤 미국 코스트코 유통을 통해 대량 공급하게 된 과정이 전적인 하나님의 의지였음을 밝히며 이번에 우리가 만난 것도, 장칼로 미국으로 오게 된 과정도 전적인 하나님의 계획이었을 거라며 때를 기다려 보자고 격려했다.

"하던 일을 그만두고 낚시를 갔을 때였어요. 베드로가 빈 그물을 끌어올린 것처럼 저도 계속 빈 낚시를 했는데 어느 순간 물고기 200-300마리를 건져 올리게 됐습니다. 사업을 시작하려고 하던 때였는데 하나님이 하시리라는 확신을 가졌어요. 153패밀리도 다르지 않을 거라고 믿습니다. 반드시 하나님이 하시는 사업이 될 겁니다. 믿으면 됩니다."

그러면서 장로님은 기도에 대한 메시지를 던졌다. 다른 건 몰라도 20년째 새벽기도를 철저히 지키고 있다며 사업이 지금의 반열에 오

183

른 건 전적인 새벽기도의 힘이라고 간증을 하시는데 나도 모르게 감동이 되었다. 그분의 연세를 따져 보니 지금 내 나이에 새벽기도를 시작한 셈이다. 나와 같은 나이에 새벽기도를 시작하며 사업을 일으킨 CEO, 이제 막 기도의 자리로 나가기 시작한 내 모습과 겹쳐지며 과연 주님은 기도의 자리를 원하셨음을 확신할 수 있었다.

크리스천 기업인으로서 조언도 해주셨지만 뜻밖의 선물도 주셨다. 출장에 동행한 아들에게 믿음의 선배로서 따뜻한 말씀을 해 주셨는데, 나는 그동안 자녀와의 관계에서 풀지 못한 매듭 같은 게 있었기에 그 부분에서 취약했다. 큰아이와의 갈등이 워낙 두드러졌기에 오랜 시간 힘들었는데 이러한 영향은 둘째 아이에게도 이어졌다. 갈등하는 부녀 사이에 끼어 둘째 역시 평탄한 과정을 거치지 못했다. 그 속에서 상처도 받았을 텐데 그래도 일손이 부족해서 동동거리는 현장을 본 뒤로 일을 돕기 시작했다. 그 마음이 고마워 153패밀리의 거의 모든 업무에 동참시켰다.

미국 출장 역시 새로운 시장을 향한 도전이 얼마나 어렵고 변수가 많은지 느끼는 시간이 되었으니 그것으로도 만족했는데, 그 아이를 향해 내가 차마 하지 못한 신앙적인 조언을 그분이 해 주신 것이다. 부모가 했으면 잔소리였을 내용인, 왜 믿음생활을 열심히 해야 하는지, 이성 교제에 있어 믿음이 얼마나 중요한지 현실적인 조언을 해 주셨다. 아들이 믿지 않는 자매와 교제한다는 것도 알지 못한 상황에서 그러한 조언을 해 주셨다는 게 신기할 따름이었다.

'아…. 이곳으로 이끄신 목적이 이것이었구나.'

대표와의 만남에서 신앙의 통찰력뿐 아니라 직원의 한 사람으로서 아들의 새로운 가치를 발견한 것은 큰 소득이었다. 눈앞에 보이는 업무적인 성과는 없었지만, 눈에 보이지 않는 가정의 소중함을 깨닫고 초심의 회복을 얻은 일주일이었다.

출장을 다녀온 이후 현지화의 난제는 풀리지 않았고 공장 리모델링으로 작업이 지연되는 등 어려움은 더욱 가중되었다. 인수한 공장을 제대로 가동하기까지 지지부진한 과정이 이루어지자 마음이 답답할 때가 많았다. 예전 같으면 사람을 찾아다니고 정보를 찾았겠지만 이제는 기도의 자리로 나아간다. 너무 답답하면 기도도 잘 나오지 않지만 그때도 잠잠히 앉아 '주님…, 아시죠?' 기도만 한다. 답답한 마음에 눈물이 앞을 가로막아도 주님은 아신다는 듯 평안을 주시고 그 평안으로 또 하루를 살았다. 경매로 기적을 경험했지만 그 기적을 누리는 과정이 변질되지 않도록 소금을 치시는 과정임을 깨닫게 하신 건 은혜다.

한번은 너무 고단한 일주일을 보낸 나머지 토요일 새벽부터 기도원으로 향했다. 기도하지 않으면 견딜 수 없을 것 같은 마음에 운전하며 가는데, 눈앞에 강아지 한 마리가 휙 지나갔다. 순간 브레이크를 밟았고 다행히 목줄이 풀린 강아지는 무사히 건너갈 수 있었다. 그러면서 목줄에 묶인 강아지가 얼마나 안전한지 새삼 깨달았다.

'아, 하나님께서 기도의 줄로 나를 묶고 계시니 얼마나 감사한 일인가. 내 맘대로 살겠다고 줄을 풀고 나왔다면 언제 어떻게 될지 모를 텐데, 나를 끝까지 낚으시고 붙들고 가시는 게 정말 은혜다.'

감사가 샘솟았고 운전하는 내내 울며 기도원에 도착했다. 입구에 도착하자 〈있는 모습 그대로〉라는 찬양이 흘러나왔고 그 찬양이 주님이 나에게 하시는 말씀이란 확신이 들었다. 지치고 힘들고 고단하고 좌절한 상태로 온 이 모습 그대로 주님은 받아 주신다는 사실에 큰 위로를 받고 마음껏 기도했다.

사업은 여전히 앞길을 알 수 없다. 늘 안갯속을 헤치고 나가는 기분이지만 하나님은 터널 끝에서 기다리며 당신과 함께 이야기하자고 하신다. 괜찮다고 버티고 버티다가 뒤늦게 낚여 나온 바보 같은 나를 그래도 받으시고 부르심이 너무 감사하다.

기도는 뜻이 꺾이는 자리다. 아름답게 부서지는 시간이다. 하나님의 자녀가 되고 지금에 이르기까지 16년을 지나 오며 비로소 이것을 알게 하신 주님께 감사하다. 기다림의 시간은 여전히 진행 중이지만 마음먹은 대로 되지 않을 때, 계획했던 대로 풀리지 않을 때 안 되는 이유를 찾아 헤매기보다 냉큼 기도의 자리로 나아오게 하신 주님의 열심에 감사하다.

환경 때문에
모든 것을 그만두고 싶다는
투정 앞에서도
끊임없이 문을 열고 계신 주님,
그 주님의 선하심을 믿으며
다시 그물을 내려 보기로 했다.

장칼할배의
사도행전

⚓ 여전히 덜 익은 감

신앙생활을 시작하고 교회 내 사진 영상 촬영 봉사를 자청하여 열심히 섬겼더니 점점 교회 내에서 유명세(?)를 누렸다. 중요한 행사가 있으면 박 집사를 찾았다. 그러면서 청년부 지체들을 섬기는 역할이 주어졌다. 혼자 촬영하고 편집하는 등의 일을 맡아서 하다 보니 돕는 사람이 있으면 좋겠다는 생각을 하고 있을 때 마침 청년부를 맡게 되어 든든했다. 자녀들로 여전히 힘든 상황을 겪고 있었기에 그들과 함께하며 자녀를 잘 이해하기를 바라는 마음도 있었다.

청년부 도우미가 되어 예배에 가 보니 6-7명 정도가 모여 있었다. 장년 성도 수에 비해 청년부는 열악했다. 맡은 일은 뭐든 열심히 해낸다는 인간적인 의지가 강했던 터라 청년부를 활성화할 방법을 찾았다. 딸과 심하게 갈등하며 깨닫게 된 건 그들의 자유의지를 존중해 주고 생각을 자유롭게 표출할 기회를 주는 게 중요하다는 것이었다. 이 경험을 심어 주고 싶어 청년부원들이 가장 자유롭게 예배할 방법을 찾아 함께했다. 그때는 직장을 다니고 있을 때였고 재정적으로도 여유가 있었던 터라 풍성히 베풀어 그들이 충분히 누릴 수 있도록 지원했다. 생각해 보면 내 만족이 컸던 것 같다.

자유로운 청년 예배를 표방하며 악기도 가르치고 퍼포먼스를 도입하고 인재들을 합류시키며 예배를 키웠다. 하나둘 청년들이 모여들기 시작했고 30명까지 늘어나 단시일 내에 다섯 배 부흥을 이루었다. 교회를 떠났던 청년들이 돌아오고 전도되어 온 청년들이 다른 친구들을 전도하는 등 청년 부흥의 바람을 타고 청년들과 신나게 사역했다. 1박2일로 수련회를 기획해서 참여를 독려하는 등 물론 열정으로 불태웠던 시기다.

그 무렵, 제재가 들어왔다. 언제나 지지해 주시던 사모님께서 어느 날 부르시더니 청년부 단속 좀 해야겠단 말씀을 하셨다. 꽤 칼칼한 반응에 순간 마음이 확 상했다. 알아보니 청년부 활동이 많아지고 모이는 일이 잦아지면서 그 속에서 자연스럽게 이루어지는 이성 교제가 어른들 눈에 걱정스럽게 비춰졌던 모양이다. 교회 안에서의 교제가 이상한 일은 아닌데 이를 두고 책임을 전가하는 듯한 반응에 속이 상했다. 보수적인 교회 분위기에 대해 여러 의견이 있을 수 있지만 그 순간만큼은 이해가 되지 않았다. 지금 생각해 보면 청년부가 부흥하고 교회 내 많은 역할을 열정적으로 감당했던 나를 너무 몰라 준다는 서운한 마음이 컸던 것 같다. 하나님의 일을 한다고 하면서 내가 좋아서 했고 그것을 인정받지 못해 시험받는 미숙한 상태였던 것이다.

그 일로 마음이 상해 사역을 내려놓고 교회를 떠나게 되었다. 겉으로는 쉬면서 영상 자료를 확보하겠다는 명목이었지만 내심 혼자 시험당해 방황하는 시간이었다.

목적지는 없었다. 그저 전국을 돌면서 남해로 강원도로 다니며 주일이 되면 인근 교회에 가서 예배를 드렸다. 그러다 포항에 갔을 때는 마침 우리 교회에서 부흥회로 섬겨 주셨던 김진동 목사님이 생각나 그분이 섬기는 포항양포교회를 찾아갔다. 일산주님의교회 성도라고 소개하니 사진과 영상을 찍던 모습을 기억하시며 환대해 주셨다. 숙식은 물론 차까지 내어 주시며 편하게 지낼 수 있도록 배려해 주셨는데 본교회에서 당한 시험을 다른 교회에서 치유받은 셈이다.

어쨌든 그렇게 방황하며 다니다 보니 처음에 들었던 섭섭했던 마음이 누그러졌다. 오히려 떠돌며 예배드리는 일이 너무 힘들었다. 사모님 말씀에 시험 들 게 아니라 대화를 했어야 했다는 생각이 들면서 과연 그동안 순수한 마음으로 청년 사역을 했는가 되돌아보기도 했다.

그러다가 또다시 주일을 맞았다. 방황을 시작한 지 3개월쯤 되는 시기였는데 그때는 서울에 있었기에 발길 닿는 교회로 향했다. 그 교회가 새문안교회라는 사실은 나중에 알았다. 교회 문을 열고 들어가자 나를 맞아 준 건 찬양이었다.

"당신이 지쳐서 기도할 수 없고 눈물이 빗물처럼 흘러내릴 때 주님은 우리 연약함을 아시고 사랑으로 인도하시네 누군가 널 위하여 누군가 기도하네."

〈누군가 널 위해 기도하네〉의 가사가 들려오는데 왈칵 눈물이 났다. 누군가 날 위해 기도하고 있다는 구절에서 방황하고 있는 못난

내 모습과 이런 나를 위해 기도하고 있을 이들을 떠올렸다. 가장 먼저는 예수님이었다. 인간적인 욕심과 감정으로 시험당해 울고 있는 나를 안타깝게 바라보실 주님의 모습이 떠오르며 눈물이 왈칵 났다. 그다음은 우리 교회 식구들이었다. 부족한 사람을 위해 울며 기도해 주었던 지체들이 지금도 기도해 주겠구나 깊이 느껴진 것이다.

다음 주 바로 교회로 돌아왔다. 아이같이 굴었던 행동이 많이 부끄럽고 쑥스러웠지만 주님은 기가 막힌 타이밍에 내가 해야 할 일을 주셨고 자연스럽게 교회로 인도해 주셨다. 아무 일도 없었다는 듯 반갑게 맞아 주는 교회 식구들과 다시 신나게 신앙생활을 하게 되자 눈물 나게 감사했다.

일탈이 끝나고 10여 년이 흘렀을 때 반가운 분과 다시 조우했다. 바로 포항에서 나를 재워 주고 먹여 주시던 김진동 목사님이 부흥회 강사로 우리 교회에 다시 오신 것이다. 단번에 나를 알아보시곤 그때 내가 포항에 머물며 찍어 드린 사진을 교회에 걸어 놓으셨다며 인사를 하시는데 얼마나 반가웠는지 모른다. 지금에서야 그때의 사정을 알려드리니 목사님이 너털웃음을 지으시며 이미 우리 교회 목사님과 연락해서 알고 계셨단다. 엘리야가 받은 위로를 내게 베푸셨던 것이다. 감사하면서도 여전히 부족한 내 모습을 자각하는 시간이기도 했다.

목사님과의 인연은 이후에도 이어졌다. 포항에 강릉장칼 매장이 개점하게 되면서 현장에 내려가 오픈 준비를 하는데 매장 공사에 매달리다 보니 정작 홍보를 제대로 하지 못했다. 지방에서 오픈하는 첫 매장이라 매우 난감한 상황이었는데 갑자기 목사님이 떠올랐다. 목사님은 흔쾌히 돕겠다며 교회 성도뿐만 아니라 포항 지역 지방회에 홍보해 주셨다. 덕분에 포항 매장은 믿는 자들로 가득한 공간이 되었고 개업 감사예배나 다름없는 은혜 가득한 개업식이 되었다. 153패밀리의 교회 중심 마케팅의 시작점이기도 하다. 얼마나 놀라운 하나님의 계획인지 모르겠다.

3개월의 일탈로 내가 철저히 부족함을 깨달았다. 사역이라는 이름으로 마치 뭐가 된 듯 내 노력으로 이루어 간다고 생각해서는 안 되며, 오직 예수가 주인 되고 나는 그저 도구로써 쓰임 받아 감사해야 함을 깨닫게 된 시간이었다.

교회로 돌아온 뒤 섬기게 된 곳은 유치부다. 그저 시키는 대로 순종하자는 마음으로 가장 어린 자를 섬기는 자리로 갔다. 첫날 고사리 같은 손으로 〈나는 예배자입니다〉를 찬양하는 아이들 모습에 눈물을 왈칵왈칵 쏟았다. 어떠한 목적도 없이, 계산도 없이 기쁨으로 충만한 예배자로 세워져 가는 아이들을 보며 회개했다. 그냥 믿어지는 은혜를 보여 주는 아이들과 오랜 시간 함께하며 내가 교회 생활을 하는 사람이 아닌, 믿음으로 자라 가는 예배자가 되기를 주님은 원하셨던 것이다.

여전히 나는 덜 익은 감이다. 여전히 좌충우돌 시행착오를 하고 있다. 그래도 감사한 건 여전히 덜 익은 감이라는 사실을 좀 더 빨리 깨닫게 하신다는 사실이다. 주 안에서 나를 부인하는 시간이 점점 빨라지는 것, 그게 은혜인 것 같다.

🕎 울보 박 집사 광대 박 집사

하나님의 자녀가 되기도 전, 영어 이름을 '폴'로 지었던 까닭일까, 사도 바울은 내게 남다르게 다가온 인물이다. 그가 걸어 온 신앙의 여정을 보면서 알 수 없는 감동을 받았고 시간이 지나면서 그를 닮고 싶었다. 목사님의 설교를 통해 깊게 알게 된 바울의 열심과 믿음은 어느 순간 도전이 되었다. 감히 사도 바울과 같은 제자가 되게 해 달라는 마음이라기보다 예수를 핍박하던 자에서 작은 예수가 되어 간 그의 여정을 닮아 가고 싶은 간절함이 생겼다는 게 맞았다.

'주님, 어떻게 하면 바울처럼 주님을 전하는 자가 될 수 있을까요?'

마음의 소원과 기도가 계속 이어졌고 지금의 상황에서 내게 주신 것을 통해 최선을 다해야 한다는 마음이 들었다. 선교 사역에서 바울이 사용한 시민권은 큰 도전이 되었다. 다메섹으로 가는 길에 예수를 만나 회심한 바울은 이전과는 완전히 다른 사도의 길을 걸었다. 복음 전파자의 길만 걸으며 자신이 가진 로마 시민권과 높은 학벌, 좋은 가문 등은 배설물로 여겼지만, 위급한 상황에서는 자신의 특권을 적절히 활용했다. 복음을 잘 전하기 위해 활용된 지혜였다.

나에겐 사도 바울과 같이 소위 좋은 스펙이나 배경은 없다. 하지만 나만이 갖고 있는 경험이 있다. 강원도 흙수저 출신, 예수를 핍박하던 자리에서 무릎 꿇은 바울과 같은 신앙의 여정을 걸어 왔으며 가정과 사업 여전히 어렵지만 한 걸음 한 걸음 주의 도움으로 매일 기적을 누리는 역동적인 삶을 살아가고 있다. 특히 눈물 많은 담임

목사님을 닮고자 했던 소원 덕분인지 눈물이 많아진 것도 특권이라고 생각하기에 이러한 것들로 하나님을 섬기고 싶었다.

그저 할 수 있는 게 사진과 영상 촬영밖에 없으니 그것으로 섬기기 시작했다. 청년부원들과 함께할 때는 사진과 영상을 활용하여 매스미디어 예배를 함께 개척해 나갔다. 또한 부모와의 갈등, 진로에 대한 불안, 관계에서 오는 갈등 등 청년들이 안고 있는 문제를 그들의 시선에서 들어주도록 노력했다. 함께 울었다.

즐거워하는 자들과 함께 즐거워하고 우는 자들과 함께 울라 (롬 12:15).

아버지의 부재로 열등의식에 빠졌던 과거가 있었기에 그들의 상황을 공감하고 위로할 수 있었고 내가 가진 사회 경험은 앞날을 고민하고 불안해하는 그들에게 도전을 주었다. 무엇보다 그들과 울고 웃고 시간을 보내고 먹이고 새로운 도전을 함께하면서 차츰 그들이 변화되는 모습들을 볼 수 있었다.

때론 과감하게 쓴소리도 했다. 신앙 안에 숨으려고 하는 나약한 젊은이들에게 행동하라고 권면했고 해 보지도 않고 불만부터 말하는 이들에겐 도전부터 시작하라고 격려했다. 무슨 문제가 생기면 노력은 뒤로하고 기도만 하려는 모습에 일침을 가하기도 했다. 은행에서 경험한 '헝그리 파이팅 정신'이 지금의 장칼 브랜드를 이루어 가는 과정에 얼마나 큰 저력이 되는지 경험했기에 노력 아닌 기적에 기대려 한다거나, 쉽게 포기해 버리는 모습에 선배로서 따끔하게 충고하기도 했다.

물론 청년 사역을 하면서 시험에 들기도 했지만 그래도 이 사역을 통한 기도와 마음은 진심이었는지 주님은 좋은 열매로 보여 주셨다. 청년들이 교회 활동을 하면서 꿈을 찾아 갔고 나약한 믿음에서 벗어나 도전하는 걸음을 시작하기도 했다.

청년부를 거쳐 교회의 가장 어린 성도들인 유치부를 섬기게 되었을 땐 주님이 순수한 영혼을 들여다보는 일과 가정을 회복하는 데 은사를 사용하게 하셨다. 매 주일 유치부는 가장 분주하고 시끄럽고 재미나다. 대부분 부모님 손을 붙잡고 교회 문을 열고 들어오는 순간 아이들과 한판이 시작되는데, 그들을 향해 카메라 앵글을 돌리면 신기하게도 주변의 상황이 눈에 들어왔다.

"안녕, 오늘은 기분이 어때요? 여기 한번 볼까?"

"…"

"집사님이 우리 친구 표정을 한번 흉내내 볼까?"

혹시라도 밝지 않은 표정의 친구들을 보면 익살스러운 표정을 지어 보이며 마음을 풀어 주었다. 아이들의 영혼은 너무도 순수하여 이런 작은 노력에도 까르르 웃음을 지어 보이며 마음을 연다. 기꺼이 광대가 되어 아이들에게 다가가는 시간은 커다란 힐링이 되었다. 직장에서, 장칼국수 매장을 운영하면서 다양한 이벤트를 기획하며 쌓아 온 노하우가 이렇게 활용될 수 있다니, 역시 주님의 예비하심은 놀랍다.

이러한 도전은 가족사진 찍기를 통해서도 이어졌다. 교회에서 다양한 성도들의 사진을 찍으면서 의외로 가족이 함께 찍은 가족사진이 없다는 것을 알 수 있었다. 그때부터 교회에 출석하는 가족들의 모습을 사진에 담기 시작했다. 특히 유치부엔 부모가 함께 오는 경우가 많기에 예배에 방해되지 않는 범위에서 가족들의 모습을 담았다. 처음엔 이런 걸 왜 찍느냐며 도망가는 분들도 있었지만 점점 익숙해지기 시작했다.

카메라 앵글은 거짓말을 하지 않는다. 가족이 앵글 앞에 서면 그 짧은 시간에 어떤 가족인지 드러난다. 겉으로는 웃고 있지만 뭔지 모를 갈등의 요소가 있는 듯하면 그 가정을 위해 기도하며 사진에 담는다. 왠지 모르게 굳어 있는 아빠의 기분을 풀어 주며 사진을 찍기도 하고, 어떤 문제 때문에 근심하는 엄마를 일부러 웃겨 주며 활짝 웃는 가족의 모습을 담는다. 찰나의 순간이지만 나중에 인화된 사진을 통해 위로를 받았다는 피드백을 들을 땐 부족한 재능을 사용하시는 주께 감사하게 된다.

언제부터인가 목사님은 내게 새가족부에서 섬길 것을 부탁하셨다. 새가족부를 말씀하셨을 때 나도 모르게 전율이 흘렀다. 왕후 에스더가 '이때를 위함이니까' 고백했던 것처럼, 마치 오래 전부터 계획하신 일이라는 생각이 들었다. 신앙생활을 처음 시작하는 이들과 마주하는 자리, 교회의 얼굴과도 같은 새가족부에서 섬기는 일은 가장 다루기 힘든 사람의 표본이던 내가 가장 잘 할 수 있는 분야였던 것이다.

유치부부터 청년, 장년부서까지 경험한 뒤 새가족부를 섬기게 되면서 내가 찍는 사진과 영상이 복음의 도구가 됨을 절실히 느꼈다. 새가족이 되기까지 얼마나 많은 고민과 갈등이 있었을지 누구보다 잘 알기에 그들과 만날 땐 무조건 광대가 되기로 결심했다. 광대란 가장 만만한 상대다. 교회에서 가장 편안하고 만만한 상대가 되자고 결심했다.

"어서 오세요. 우리 처음 만나죠? 하이파이브 한번 하실까요?"

"어서 와. 하이파이브!"

"어서 오세요. 기념으로 사진 한 장 찍을까요? 자, 스마일!"

문지기로서 먼저 다가가 손을 내밀고 웃다 보니 아이들은 나를 보면 '사진 집사님', '하이파이브 집사님'이라고 달려와 안기기도 하고 엉덩이를 찌르고 도망가기도 한다. 이 모습을 지켜보는 성도들의 마음도 자연스럽게 열리고 함께 웃다 보면 어느새 가까워진다.

새가족부서의 가장 중요한 행사이기도 한 '해피브리지'에서는 사진 영상이 큰 감동을 준다. 해피브리지란 처음 전도되어 온 이들이 주님을 알아 가며 교회 성도가 되는 시간으로, 이 과정을 수료할 때 영상을 띄우는데, 하나님을 처음 만나는 이들의 두렵고도 설레는 표정이 사진에 고스란히 담긴다. 신기하게도 그 한 컷을 통해 그 영혼이 어떻게 주님 앞에까지 서게 되었는지 마음으로 느껴지는데, 그 시간이 너무도 소중하고 귀하다.

한번은 이 영상 작업 과정을 다른 성도에게 부탁했다. 매장 관리 때문에 너무 바쁜 상황이기도 했고 사람을 세우려는 목적도 있었는데 여러 가지 상황 때문에 결국 내가 다시 작업을 맡게 되었다. 괜히 돌고 돌아 시간만 촉박해졌고 전혀 은혜가 되지 않았다. 마음만 분주한 채 밤새워 편집을 하고 있는데 나도 모르게 하나의 사진에 시선이 멈췄다. 평생토록 예수를 모르고 살다가 이제야 주님을 알게 되었다는 분을 클로즈업한 사진이었다. 세월의 흔적이 그대로 담긴 주름에 희끗희끗한 머리칼, 두 손을 가슴에 고이 포갠 채 꼭 감은 두 눈에서 나오는 간절함에 왈칵 눈물이 쏟아졌다. 평생 예수님 없이 고된 인생을 살다 이제야 구원의 은혜를 체험하게 된 영혼을 바라보며 '맞다. 나도 그랬지?' 기억 나며 은혜가 충만히 임했다. 은혜를 더 하고자 찍은 사진에 내가 은혜를 받은 것이다. 한참을 울고 감사하며 새벽이 지나도록 기쁘게 작업하면서 하나님이 왜 이 일을 맡기셨는지 알 수 있었다. 주님을 위해 뭔가 한다는 말조차 교만한 것이고 모든 일은 하나님이 날 위해 준비하고 주관하신다. 그해 해피브리지는 그 어느 때보다 의미가 있었다.

또한 개인적으로도 사진 작업은 사랑하는 어머니를 향한 감정 정리를 도왔다. 오랫동안 요양원에 계시는 어머니는 오랜 기도 제목이기도 했다. 어린아이로 돌아간 어머니 앞에서 어린아이로 돌아가 이야기할 수 있는 것만으로도 좋은 나에게, 누나들은 '엄마가 너 좀 그만 놔줬음 좋겠다'고 말한다. 하지만 나는 엄마를 놓을 수 없기에 엄마라는 말만 나와도 늘 눈물이 차오르곤 했는데, 어버이 주일을 맞아 목사님이 내게 특명을 내리셨다.

생전 들어보지도 못한 노래를 특송으로 준비하라는 말씀에 두 말 않고 순종하면서 사흘 내내 울었다. 세련되지 않은 노래였지만 엄마에 대한 노래를 들으며 나의 엄마를 기억하며 사진 자료를 준비하는데 엄마를 향한 오랜 감정이 정리되는 기분이랄까. 이젠 엄마를 놓아드릴 수 있겠구나, 하나님께서 준비시키시는구나, 알 수 있었다. 어버이 주일을 맞아 〈엄마꽃〉을 특송으로 부르고 어머니의 영상 사진첩을 선사하며 주님의 위로를 받았다. 이런 은혜를 주시려 이 일을 시작하셨다는 감동도 있었기에 더욱 이 일에 대한 순종을 다짐하게 되었다.

지금도 내게 주신 것이 복음을 위해 적절히 사용되길 간절히 기도한다. 장칼할배라는 전 세대를 아우르는 별명 덕에 연령층이 다양한 목장의 리더로서 교회의 다리 역할을 해내는 것도, 사랑하는 하귀선 사모님이 이끄시는 사모다움선교회가 해마다 주최하는 사모데이에 기꺼이 영상으로 헌신하는 것도, 매장을 관리하는 매의 눈으로 교회의 구석구석을 살피고 청결하게 유지하는 일도 복음을 위한 특권이라 여기며 감당한다. 나의 연약함까지 도구로 사용하실 것을 알기에 더욱 못나고 부족한 부분을 드러내며 울보 박 집사, 광대 박 집사라는 타이틀 외에도 하나님이 쓰실 만한 도구로서 내가 가진 것들이 사용되었으면 좋겠다.

 ## 매임과 자유

너희가 내 말에 거하면 참으로 내 제자가 되고 진리를 알지니 진리가 너희를 자유롭게 하리라(요 8:31-32).

이 말씀이 깨달아지는 데에는 시간이 필요했다. 교회를 다닌다는 것과 예수 안에 거하는 것이 일치한다면 성공한 신앙생활일 것이다. 안타깝게도 나는 그렇지 못했다. 이것이 일치하지 않으니 열심만 있었을 뿐 자유가 없었다. 뜨거움은 있었으나 예수라는 진리가 나를 자유롭게 한다는 것을 깨닫지 못했기에 시험당하고 인간적인 노력이 신앙인 양 착각하며 살았다.

다행히 지금은 그 자유를 누리게 되었다. 그런데 이 자유를 누리게 된 시기를 돌아보니 아이러니하게도 철저히 주님 안에 매이기 시작하면서였다. 그러고 보면 매임과 자유, 상반된 개념이지만 신앙 안에서 두 가지는 같이 가야 하는 것 같다.

줄이 풀린 유기견을 보면서 하나님께 묶여 있는 삶이 얼마나 안전한지 깨달았던 것처럼, 주 안에서 매여 있을 때 마음의 자유가 찾아온다. 이전에는 매여 있는 게 부담스러웠다. 그러니 인간적인 노력으로 뭔가 해결하려고 노력했고 그 노력이 지치게 만들었다. 주를 믿으면서 예배드리는 것이 전부이고 약간의 재능으로 봉사하는 것으로 의무를 다했다고 여겼기에 신앙의 무르익는 시간을 스스로 갖지 못하여 늘 제자리 신앙이었던 것 같다. 주변에서 끊임없이 신앙의 성장을 위해 권면했던 이들의 소리를 적당히 넘겼다.

그때까지만 해도 나는 하나님을 믿으니까, 하나님의 사람이 되었으니까 내가 최선을 다해 노력하면 하나님은 그 노력이 가상해서라도 복을 주실거라 생각했던 것 같다. 그런데 현실은 전혀 그렇지 않았다.

2014년 직장생활을 마무리하고 염두에 두던 해외 사업과 병행하려고 계획했던 요식업은 참패였다. 경험이 일천하기도 했지만 세월호 사건으로 전국이 가라앉았다. 덩달아 요식업계는 처참히 무너졌다. 그럴수록 열심히 하면 될 거란 희망으로 버텼으나 그동안 삶의 기준이 된 열심과 노력은 통하지 않았다. 주님의 생각과 뜻을 알기 위해 그분께 더욱 다가가야 한다는 조언에도 순종하는 척만 했다. 위기의 순간이 도래했을 때에야 말씀에 붙들렸다. 새벽마다 셋이 모여 말씀을 읽고 묵상을 시작하면서 말씀 속에 붙들리는 삶이 어떤 것이지, 왜 주님이 지혜의 근원이 되는지 알게 되었고 그 속에서 주님은 오른쪽으로 그물을 던지라는 레마(말씀)를 주셨다.

한 번 매임을 당했다고 그 패턴이 오래 지속된 건 아니다. 이후로 사업이 확장되고 여러 파고를 거치면서 매번 상황은 롤러코스터였다. 믿음으로 그물 던지듯 시작한 서울 매장을 오픈하자마자 생각지도 못한 메르스가 터져 마음이 어려웠고, 그 후에도 나에게 유리한 상황으로 환경이 펼쳐진 일은 거의 없다.

이런 상황 속에서 주님은 나를 기도의 자리로 옮겨 가게 하셨다. 새벽마다 기도의 자리로 나가면서 할 수 있는 건 주님께 매달리는 것뿐이었다.

'주여….'

새벽에 부르짖는 기도는 이 한마디가 전부다. 뭔가 해야 할 말은 태산 같은데 쉽사리 기도의 자리에서 입술을 떼지 못하는 것은, 말 안 해도 다 안다는 주님의 마음이 전해지는 이유도 있고 이제는 내가 말하지 않겠다는 의지이기도 하다. 그간 너무 내 맘대로, 내 뜻대로 했다는 것을 너무도 잘 알기에 이젠 정말 맡기고 싶다는, 두 손 두 팔 모두 든 상태임을 의미하기도 한다.

전 국민을 힘들고 지치게 만든 코로나19 시기를 어렵게 버텨 오면서 주님은 주님께 매여 있다는 것이 얼마나 자유로운지 알게 하셨다. 주님 앞에 두 손 두 발을 다 들고 나서니 내 힘과 의지로 할 수 있는 게 없음을 매 순간 인정하게 되었고 주님이 일하고 계심이 확실히 느껴졌다.

2023년 어느 날 새벽, 4시 반에 일어나 예배당으로 향하는 발걸음이 좀 무거웠다. 얼마 전까지 코로나 직격탄을 맞아 요식업이 전체적으로 난항을 겪는 가운데 공장 리모델링과 해외 수출 등 여러 가지 일로 머리가 복잡한 상황이었다. 이런 때일수록 더욱 기도의 자리로 가야 한다는 것을 알기에 예배당에 앉아 주님을 찾았다. 걱정부터 한가득 안고 예배의 자리에 앉으니 무슨 은혜가 있을까 괜히 서러운 마음이 들었는데, 주님의 세심한 손길을 경험했다.

주님은 그날 새벽 목사님의 말씀을 통해, 기도를 통해, 예배의 분위기를 통해, 새벽에 만나는 성도들을 통해 나를 끝없이 위로해 주셨다. 평소에는 만나기만 하면 부탁 먼저 하시던 집사님이 내 손을 꼭 잡아 주시며 바쁜 와중에도 하나님 먼저 찾는 나를 응원해 주셨고, 사모님은 아내도 잘 모르는 나의 취향까지 간파하시며 내가 좋아하는 곶감을 몇 개 따로 챙겨 두셨다며 내 손에 꼬옥 쥐어 주셨다. 목사님은 28년 목회 생활을 통해 많은 열매를 맺었는데 그 중 나의 변화가 큰 열매라며 나에게 새벽예배 특송을 하라는 특별 임무까지 주셨다.

이 모든 상황 가운데에서 얼마나 큰 위로가 있었는지 모르겠다.

'주님, 이렇게 저를 낚으시는군요. 알겠습니다. 주님, 계속 저를 낚아 주십시오. 그저 낚으시는 대로 제가 가겠습니다.'

이 고백이 저절로 나왔다. 주님의 낚으심이 너무 감사해 하루의 십일조를 주님께 먼저 드리려고 한다. 적어도 하루 세 시간은 주님과 함께하는 시간을 갖는 것, 지금은 그 시간이 가장 행복한 시간이 되고 있다. 또한 예배와 말씀, 기도로 매여 있게 하신 주님이셨기에 그 매임에서 얻은 자유를 셀원들과 나누고 있다.

샬롬. 매일매일 버라이어티합니다. 요즘 최대의 고민 중에 하나가 '직원으로 바라볼 거냐? 영혼으로 바라볼 거냐?'입니다. 경기가 어려워지고 위기를 느끼지 못하고 변화에 대하여 늦은 몇몇 직원들을 놓고 함께 가야 하나 말아야 하나…. 채용할 때의 기대와는 달리 위기 앞에서 한계를 보이는, 월급을 가장 많이 받는 책임자 중 한 명과 어제 깊은 대화를 나누었습니다. 예상과는 전혀 다른 이야기가 진행되었습니다. 각자의 불만과 입장을 먼저 이야기하는 것이 아니라 상대의 입장에서 상대의 어려움을 이해하려는 분위기로 대화가 시작되니 대화의 시간도, 결과도 따뜻하게 잘 마무리되었습니다. 대화 과정에서 나도 모르게 회사와 책임자가 아닌, 하나님과 영혼의 관계로 대화가 이루어졌습니다. 인간적인 생각과 마음으로는 정말 이루어질 수 없는 뻔한 대화의 자리였는데 이 시간 역시 하나님께서 이끌어 주셨습니다. 이후의 시간도 하나님께 맡깁니다. 왜냐하면 저희 회사 회장님은 저기 높은 곳에 계신 하나님이시니까요! 오늘도 주인 되신 하나님의 인도하심 따라 평안한 하루 되시길 소망합니다.

[오늘의 말씀] 잠언 27:1-12
6 친구의 아픈 책망은 충직으로 말미암는 것이나 원수의 잦은 입맞춤은 거짓에서 난 것이니라
9 기름과 향이 사람의 마음을 즐겁게 하나니 친구의 충성된 권고가 이와 같이 아름다우니라

[한 절 묵상]
진정한 우정은 달콤한 말만이 아니라 책망의 말도 주고받을 수 있어야 합니다. 죄로 인해 삶의 무너짐을 경험하는 친구가 있을 때, 그를 위해 아픈 책망을 아끼지 않는 것이 진정한 우정입니다. 그러나 거짓된 우정은 듣기 좋은 말만 합니다. 친구의 건강한 미래에는 관심이 없고 자신이 얻을 이익에만 관심을 두기 때문입니다. 성도는 원수의 입맞춤과도 같은 달콤한 거짓을 경계하고, 아프지만 자신을 위한 책망의 말을 달게 들어야 합니다.

[오늘의 기도]
하나님! 한 치 앞을 모르는 인생을 살며 세상 자랑과 자존심과 질투

에 눈먼 분노에 빠지지 않기를 원합니다. 듣기에 좋은 말로 사람을 속이지 않고, 친구를 위해 진실한 책망을 할 수 있는 용기와 지혜를 주소서. 말씀에 귀 기울여 상황을 분별하고 적절하게 대처하는 은혜를 주소서. 오늘 만나고 대화하는 모든 이들이 하나님의 사랑을 알 수 있도록 귀히 쓰임 받는 하루 되게 하소서. 예수님의 이름으로 기도드립니다. 아멘.

아침 묵상을 카톡으로 올리는 일이 일상이 되다 보니 자연스럽게 영혼을 붙여 주셨다. 내가 그랬던 것처럼 점점 셀원의 반응이 달라졌고 묵상을 공유하고 싶다는 이들이 늘어나기 시작한 것이다. 부끄럽지만 나를 바라보는 시선도 달라졌다. 예전엔 일터에서 보이던 좀 까칠하고 완벽주의적인 모습을 교회에서도 보였다면 열심을 다하는 모습은 같지만 마음이 예수님 중심으로 바뀌어 가는 것 같다. 기도와 예배로 낮아지는 모습을 지켜보며 하나님의 훈련과 개입으로 변화된 한 인생을 보는 것 같다는 말씀을 해 주신다. 예전엔 박 집사가 하는 일이었지만, 이제는 '하나님이 함께하는' 박 집사에 대한 뉴스가 많아졌다는 말씀을 들었을 땐 정말 하늘을 날 것 같았다.

건축 사업을 하시던 한 성도님은 어려운 가운데 주님이 주신 은혜로 사업을 이어 가고 있다는 나의 간증을 듣고 가장 중요한 일정을 제쳐 두고 공장으로 찾아와 조언을 해 주시며 돕겠다고 자처하셨다. 장칼 매장에서 함께 일하고 싶은 분들이 생기고 실제로 매장에서 일하는 성도들이 늘어 가고 있으며, 놀랍게도 직원들 사이에서도 분명한 변화가 일어나고 있다.

과연 하나님의 일하심은 제한이 없으시다. 어찌 보면 이 모든 것이 생활의 매임이지만 기꺼이 그 매임을 즐기기로 했고 신앙 안에 매이는 장치를 곳곳에 설치해 두고 있다. 생활에서는 매이는 것 같지만 이를 통해 하나님의 계획 속에 머물 수 있음을 알기에 그분께 온전히 맡기고 자유를 누리고 싶다. 매여 있을 때 자유롭다.

진짜 아빠

하나님을 믿게 된 뒤 가장 큰 축복을 꼽으라면 가정의 회복이다. 불완전한 가정에서 나고 자라며 성장하는 내내 느껴야 했던 공허함은 완벽한 가정에 대한 집착으로 이어졌고 오히려 그것이 역효과를 냈다. 아이들이 이른 사춘기를 겪으며 부모와 극심한 갈등을 빚었고 회복되지 못한 채 오랜 시간을 이어 갔다.

주님을 믿게 된 뒤로 기도 생활을 잘 하지 못했지만 그래도 무너진 가정을 세워 달라는 간구는 많이 했다. 하지만 나의 의로 신앙생활을 해서인지 시간이 필요했던 것인지 좀처럼 부모 자식 간의 균열은 메워지지 않았다. 여느 평범한 자녀와 같이 정해진 의무교육을 받고 평범한 길을 따라가는 일조차 쉽지 않았다. 신앙 안에서 자랄 수 있도록 기독교 대안학교를 보내기도 하고 기독교훈련센터에도 보내는 등 노력했지만 효과는 없었다. 아이가 바뀔 기대할 게 아니라 내가 변해야 한다는 것을 깨닫지 못함이다.

사실 아이들도 아빠의 변화가 낯설었을 것이다. 거의 스파르타식으로 자녀들을 조련하는 아빠였는데 하나님을 믿게 된 뒤로 교회에서 보게 된 아빠의 모습은 달랐기에 혼란스럽기도 했을 것이다. 그러니 이런 모습이 오히려 역효과를 냈고 불신을 낳았다.

개인적으로는 자녀 교육에 성공하지 못했다는 아쉬움이 컸기에 가정의 회복을 기대하며 기도했다. 상황은 좋은 방향으로만 흘러가지 않았다. 나와 아내는 40대에 할아버지 할머니가 되었고 큰딸은 이른 나이에 엄마가 되었다. 가정을 꾸리고 어린 부모가 된 딸아이를 볼 때마다 마음이 아팠다. 솔직히 처음에는 야속한 마음 때문에 얼굴을 마주하는 것도 힘들었다. 제대로 된 대화를 한 적이 거의 없었으니 무늬만 부녀 관계라 해도 과언이 아니었다. 그럼에도 신앙 안에서 품어야 한다는 마음에 괴로웠고 그 마음을 아신 주님은 시간이 지날수록 아버지의 마음을 들여다보게 하셨다.

이에 일어나서 아버지께로 돌아가니라 아직도 거리가 먼데 아버지가 그를 보고 측은히 여겨 달려가 목을 안고 입을 맞추니(눅 15:20).

흔히 탕자 아들의 비유로 알고 있는 누가복음 말씀은 집 나갔다가 회개하고 돌아온 아들의 이야기가 아니라 언제나 자녀를 품고 기다리고 사랑하는 아버지의 마음을 표현하고 있다. 그동안 많이도 그 비유를 들었는데 어느 날, 언제 돌아올지 모를 자녀를 위해 동구 밖까지 나가서 기다리는 아버지의 모습에 하염없이 눈물이 났다. 그 아버지는 오랜 시간 주를 부인하고 핍박하던 나를 기다리던 하나님이었고, 아버지인 나의 모습이어야 했다.

딸과 사위를 진심으로 품고 그들에게 길을 마련해 주자는 마음으로 장칼 매장을 운영하도록 했다. 엄연히 사업장이기에 사업가로서 성장할 수 있도록 최선을 다해 지원해 주었고 다행히 열심히 한 덕분에 매장은 안정적으로 자리를 잡아 갔다. 또한 함께 신앙생활을 하면서 관계가 회복되어 갔고 무엇보다 함께 부모라는 입장에서 느끼는 연대감과 공감이 컸다. 어느 순간 딸이 먼저 연락을 해 오며 도움을 요구하는 일도 생겼다.

"아빠, 이럴 땐 어떻게 해야 돼?"

자녀 양육에 관한 일이든 매장에 관한 일이든 상관없이 아버지에게 조언을 구한다는 것이 가슴 벅차게 고마워 도움 요청이 오면 즉시 출동한다. 달라진 게 있다면 예전처럼 해결책을 제시해 주는 게 아니라 딸의 마음을 먼저 들여다보며 기도부터 하게 된다는 것이다. 아마도 주님께서는 적절한 조언을 하는 아버지의 위치에 있게 하시려 지금까지 기다려 주신 게 아닌가 싶을 정도로, 내가 진심을 다해 조언할 수 있도록 기다리고 기도하게 하시는 은혜를 주셨다.

지금 큰딸은 마음의 아픔을 안고 지내고 있다. 너무 이른 나이에 엄마가 되면서 갖게 된 부담과 또래 친구들과는 다른 삶을 살고 있으니 그 속에서 오는 불안과 소외감으로 우울증이라는 마음의 병을 앓는다. 그 모습을 바라보는 부모의 심정은 매우 아프지만 이제는 아픈 아이와 마주하며 대화할 수 있음에 감사하다.

하루는 장사를 마친 매장에 마주 앉아 차 한 잔을 마시며 하나님이 허락하신 연단은 이유가 있고 그 연단을 통해 우리를 명품으로 거듭나게 하신다고 조언해 주었다. 나를 통해 보여 주신 하나님의 역사를 간증(?)하며 우리의 한계를 버리고 위에 계신 주님을 바라보자는 진심 어린 위로를 보내자 딸이 말했다.

"아빠가 그렇게 얘기해 주니까 힘이 나. 아빠랑 이런 이야기를 하는 건 상상도 못했는데 이렇게 얘기할 수 있어서 너무 좋아."

"나도 그래. 앞으론 진짜 좋은 아빠가 될게. 믿는 자의 좋은 뒷모습을 보여 주도록 더 노력할게. 한 번만 더 믿어 주라."

갈등의 반목 속에서 십 수 년을 보낸 큰아이와는 그렇게 가까워지는 중이다.

둘째와의 관계 역시 회복 중이다. 아들은 누나와 부모와 겪는 심각한 갈등 때문에 덩달아 피해를 봤다. 가정에서는 늘 눈치를 보았고 겉으로는 착해 보이지만 마음속엔 상처가 많았다. 걱정되는 마음에 해외 선교센터로 보내 신앙훈련을 시키기도 했으나 오히려 본인의 의지가 아니었기에 튕겨 나갔던 것 같다.

성인이 되어 한국에 들어온 아이는 신앙을 강요하지 말라고 선포하며 부모의 애를 태웠다. 또다시 내려놓고 하나님께만 맡겼다. 군대를 다녀오고 혼자만의 시간을 보내던 둘째는 어느 날부터 회사로 나와 일을 돕기 시작했다. 한창 매장 운영으로 힘든 상황에서 일산에서 서울 매장으로 재료를 배송하던 시기였는데, 스스로 재료 배송을 맡았다. 새벽 4시 이전에 일어나 탑차에 각종 재료를 싣고 서울 10개 매장을 돌며 납품하고 일산 공장에 들어와 육수를 끓이는 일을 자처했다.

처음엔 저러다 말겠지 싶었는데 아니었다. 몇 개월을 지켜보니 성실히 자기 자리를 지켜 주었고 그 모습이 너무 감사했다. 주말은 자기만의 시간을 보낼 테니 터치하지 말라고 말하는 MZ세대다운 요구를 해도 고마웠다. 살가운 부자관계로 완전히 회복된 것은 아니지만 사람의 힘으로는 도저히 불가능할 것 같은 상황에서 153패밀리를 향해 주님이 열어 주시는 길을 직접 보고, 그래도 한 푼이라도 아끼려 온몸 바쳐 일하는 아버지의 모습을 보며 마음이 열린 것 같다. 만두 공장을 인수한 뒤 판매처를 찾지 못해 어려운 시기를 보낼 때도 공장의 빈자리를 채워 주었고, 프랜차이즈 사업 해외수출 건으로 바쁘게 움직일 때도 묵묵히 돕는 자로서 일했다. 특히 해외수출 건을 위해 출장길에 올랐을 때는 너무도 든든한 지원군이 되어 주었다. 처음엔 직함도 없이 회사의 부족한 인력을 채웠지만 5년을 지난 지금은 당당히 직원의 역할을 담당하고 있으니 그저 감사하다.

아내가 자신의 전화기에 아들을 '새벽이슬 청년리더'로 저장해 둔 것을 보고 한마디 한 적이 있다. 선포한 대로 믿는 아내의 굳건한 믿음에 재를 뿌린 것인데, 시간이 지나면서 아내의 선포는 그대로 이루어졌다. 신앙을 강요하지 말라고 선포하던 둘째의 신앙이 서서히 회복되더니 예배조차 거부하던 삶에서 차차 예배자로, 최근엔 정말 청년 리더가 되었다.

이러한 변화를 통해 기적을 본다. 기적은 불가능한 것이 실현되는 주님의 역사인데, 사람의 변화만큼 어려운 일이 어디 있겠는가. 주님은 그 일을 우리 가족을 통해 이루어 가고 계신다. 뿔뿔이 흩어졌던 가족이 가족 기업으로 다시 모이고 있는 것도, 믿음의 대를 이어 가게 하신 것도 하나님이 우리 가정에 주신 기적이다. 이것이 나의 간증이 되게 하신 은혜에 감사하며, 이 간증을 증언하게 하심에 감사하다.

아프리카 한 부족은 성인을 앞둔 소년에게 광야에서 홀로 밤을 지새우게 함으로 성인식을 대신한다고 한다. 언제 어디서 맹수가 공격할지 모르고 추위와 배고픔, 죽음의 두려움이 도사리는 광야 한복판에 서서 하룻밤을 보내야 진짜 어른이 된다고 믿는 것이다. 아무도 없이 맹수만 들끓는 광야에서 아이는 공포와 마주하며 새벽녘 해가 떠오를 때까지 버틴다. 밤새 아무 일도 생기지 않고 새벽을 맞이한 소년이 뿌듯하게 돌아서는 순간, 지난밤 자신이 무사했던 이유를 알게 된다. 밤새 창을 들고 멀찌감치 아들을 지켜 주고 돌아서는 아버지의 모습이 보였기 때문이다.

여전히 진짜 아빠가 되는 과정에 있는 나는 이 아프리카 부족 아버지의 모습이 되고 싶다. 주를 알지 못할 때부터 나의 아버지가 되어 주셔서 지켜 주셨던 하나님의 사랑을 흉내 내고 싶은 것이다. 순수하게 자녀를 응원하면서 기도의 창과 믿음의 방패를 들고 지켜 주는 뒷모습을 보여 주고 싶다. 진심으로 축복을 빌어 주고 기도해 줄 수 있는 부모와 자식 관계가 되기를 기도한다. 그게 내가 진짜 바라는 가정이다.

☕ 영혼을 보게 하시는 하나님

신앙생활을 하면서 가장 고치기 어려운 점은 사람에 대한 판단이었다. 사람을 판단하는 기준이 명확했던 탓에 사람에 대한 호불호가 확실했다. 변명을 하자면 성장하면서 좋은 어른을 별로 많이 만나지 못했고, 사회생활을 할 땐 교사와 반면교사에 대한 기준이 엄격했다. 한마디로 긍휼히 여기는 마음이 부족했다.

스스로에게 적용하는 기준도 높았고 기준에 맞지 않으면 쉽게 정죄하는 일도 많았으니 신앙생활을 하면서 충돌하는 부분이 많았다. 교회는 다양한 이들이 모여 사람을 품는 곳이었는데 세상적으로, 상식적으로 어긋나는 일이나 사람이 보이면 있는 그대로 받아들이는게 괴로웠다.

특히 사업을 시작하고 다양한 사람들을 만나게 되면서 이 문제가 더욱 부각됐다. 프랜차이즈 사업을 시작하면서 직원들을 많이 채용했는데, 회사 분위기나 업무에 잘 적응하는 이들도, 그렇지 못한 이들도 있었다. 사랑의 마음으로 품어야 한다는 것을 알지만 회사의 일은 협업으로 이루어지기에 각자가 제 역할을 하지 못하면 위험 요소가 너무 크다. 그러니 사람 때문에 겪은 심적인 어려움이 많았다.

그러던 중 사건이 벌어졌다. 가능성을 믿고 수습으로 우선 채용한 직원이 있었는데 업무를 잘 해내지 못했다. 처음엔 지켜봤고 그 다음엔 참았으나 가르쳐서 개선될 상황이 아니란 판단이 들어 그 친구를 두고 몇날 며칠을 고민했다. 수습 직원이었기에 최대한 보상을 해 주고 상처 주지 않는 범위에서 정리해야겠다는 마음을 먹고 있었는데, 그가 자진 퇴사한 후 3개월쯤 지나 고용노동부에서 연락이 왔다. 우리 회사를 상대로 직원이 고소를 했다는 것이다.

사안은 부당해고, 고소장을 넣은 것은 퇴사한 그 직원이었다. 순간 말할 수 없는 분노가 치밀어 올랐다. 어떻게든 회사에 생채기를 내겠다는 다분한 의도가 보였기에 너무도 괘씸했다. 가능한 그에게 손해가 가지 않도록 노력했던 진심이 땅바닥에 떨어진 것이다. 게다가 그간의 녹취 파일까지 준비해 증거 자료로 제출하고 적지 않은 금액을 손해배상으로 청구하는 등 노동분쟁소송을 준비하는 그를 보면서 많은 갈등을 겪었다. 적어도 이 건에 대해 회사의 입장에서 반격을 가할 충분한 근거가 있었고 세상적인 방법으로 그를 혼내 줄수도 있었기 때문이다.

사건이 터지고 며칠 뒤 주일이 되어 예배에 참석했는데 마음이 괴로우니 예배가 될 리 없었다. 호의를 베푼 사람에게 배신당한 마음의 상처 때문에 기도가 아닌 질문만 나왔다.

'주님, 정말 그 사람을 용서해야 합니까?'

'제가 왜 그래야 합니까? 잘못은 그쪽이 한 것 아닙니까?'

혼자 질문하고 혼자 성내는 시간이 얼마쯤 이어졌을까. 나도 모르게 '만약 이 친구를 응징한다면 평생 기독교를 적대시하겠구나'라는 생각이 들었다. 필터링 없이 떠오른 생각이다. 153패밀리라는 회사를 경영하는 대표가 기독교인인 것은 다 아는 사실인데, 만약 그를 용서하지 못하고 정죄한다면 그 친구는 하나님을 어떻게 생각할까. 용서와 사랑의 종교라는 기독교에 얼마나 반감을 갖게 될까 문득 겁이 덜컥 났다.

　다른 건 몰라도 하나님의 이름이 욕을 먹게 되는 건 안 될 일이었다. 더군다나 미워했던 그 사람이 주님이 찾으시는 한 영혼이면 어쩌나, 만약 그렇다면 나는 주님이 가장 기뻐하시는 구원 사역의 걸림돌이 되는 셈이니 두려운 생각이 든 것이다. 그러자 더 이상 미워할 수가 없었다.

　그동안 사람을 영혼으로 바라본다는 의미를 잘 몰랐다. 한 사람과 한 영혼을 같은 의미, 다른 표현으로 생각했는데 그게 아니라는 확신이 왔다. 피상적으로 보이는 사람과 전인격적인 영혼은 달랐다. 주님의 시선으로만 영혼을 볼 수 있음을 일깨워 주신 것이다.

　'아, 주님은 저 사람을 영혼으로 보길 원하시는구나.'

　져 주자는 결심이 섰다. 교회를 나서자마자 노동분쟁위원회를 통해 요구한 금액을 보상하며 갈등을 신속히 마무리했다. 정신적 물질적 피해는 입었지만 얻은 게 더 크다. 사람을 영혼으로 바라보는 눈을 갖게 되었기 때문이다. 나의 기준에 맞지 않는 사람일지라도 주님이 찾으시는 영혼으로 바라보려는 노력, 아마도 인격적으로 한 단계 성숙하게 하신 은혜라고 생각한다.

　물론 이후로도 사방에서 공격은 계속되었다. 직원들 간의 크고 작은 분쟁부터 가맹점과의 갈등, 가맹점주로부터 형사 고발을 당하는 심각한 상황에 이르기도 했으나 그때마다 기도로 간구하자 주님은 영혼을 먼저 바라보도록 하셨다. 영혼을 긍휼히 여기는 마음을 구하면 언제나 눈에 보이는 손해를 입었지만 그 뒤에는 샬롬이 임했다.

한때 '먼저 그 나라와 그의 의를 구하라'는 말씀을 참 부담스러워했다. 매장을 오픈할 때면 여러 말씀을 선물받고는 하는데 이 말씀을 받으면 그렇게 마음이 무거웠다. 먼저 그 나라를 구하라니, 이 말은 눈에 보이는 이익을 포기하라는 뜻으로 들렸다.

그런데 영혼을 먼저 생각하고 바라보는 노력을 하면서 이 말씀이 편안해졌다. 손해를 무릅쓰고 영혼을 먼저 생각할 때 더 좋은 결과, 선한 결과가 나타났기 때문이다. 결국 먼저 그 나라와 그의 의를 구하는 건 하나님이 기쁨을 이기지 못하시며 사랑하시는 영혼을 나 또한 사랑하는 것임을 깨닫게 된 것이다.

> 너의 하나님 여호와가 너의 가운데에 계시니 그는 구원을 베푸실 전능자이시라 그가 너로 말미암아 기쁨을 이기지 못하시며 너를 잠잠히 사랑하시며 너로 말미암아 즐거이 부르며 기뻐하시리라 하리라 (습 3:17).

2023년을 마무리하는 시점에서 솔직히 회사 상황이 좋지 않아 애끓는 기도를 많이 해야 했다. 여러 상황이 꼬여 있는 것도 문제였지만 직원들의 문제가 더 컸다. 여전히 나는 부족했기에 직원들 사이에 알게 모르게 형성된 반목과 갈등을 어떻게 풀어야 하나 걱정되었다. 하도 답답해서 막내 직원에게 상사들에 대한 평가 보고서를 진솔하게 써 보라고 했는데, 결과는 참담했다. 무엇보다 대표에 대한 신랄한 평가가 마음을 아프게 했는데, 이 사안을 두고 담당자들이 모여 대화하는 과정에서 뭔가 달라졌음을 느낄 수 있었다. 나를 신랄하게 비판했던 직원이 밉지도 않았고 직원들 역시 대표인 나를 긍휼히 여기며 울며 기도하는 시간으로 이어진 것이다. 사실 뭔가 결단을 내리려고 마련한 자리였으나 서로의 영혼을 바라보면서 새롭게 한 해를 맞이하는 자리로 바뀌었다. 사람이 아닌 영혼으로 바라보니 함께 일하는 사람들이 변해 간 것이다.

무엇보다 가장 큰 감사요 열매는 막내 누나다. 어린 시절 내가 가장 의지하던 사람이었고 신내림을 받고 무속인이 되었음에도 내게 신앙을 갖도록 권유한 누나, 함께 매장을 운영하면서 의기투합하기도, 갈등을 겪기도 했지만 결국 동생의 손을 잡아 준 고마운 누나는 나의 오랜 기도 제목이었다. 누나는 심학산 매장의 점주가 되었지만 예수를 부인하며 오랜 시간 애를 태웠는데 어느 날부터 예수를 구주로 고백하기 시작했다.

"영산아, 너를 보니까 정말 하나님이 계시는 것 같은데. 나도 교회 한번 나가 봐야겠다."

누나의 고백은 그 어느 성공보다 값졌고 그 어떤 고백보다 설렜다. 하나님께서 그 영혼을 오랜 시간 긍휼히 여기셔서 다듬고 깎아 순종하게 하시고 그 가족들까지 하나님의 자녀로 삼아 주셨다. 누나의 회심은 일산 주님의교회 성도들에게 큰 감동과 은혜였고 도전이되었다.

이러한 변화와 기적을 날마다 현장에서 경험하고 있기에 여전히 영혼을 바라보는 일을 구한다. 존경하는 우리 교회 목사님과 사모님이 한 영혼을 위해 최선을 다해 기도하고 마음을 쓰시는 모습은 커다란 자극이요 본이 된다. 그들을 닮아 주변에 있는 이들을 돌아보고 그들의 영혼을 들여다보며 위로하는 자리로 가려고 노력한다.

감사하게도 절묘한 타이밍에 잊고 지낸 영혼을 생각나게 하시고, 위로가 필요한 이들을 찾아가게 하신다. 절망에 빠진 이와 함께 울고 그로 인해 냉담했던 이들이 신앙을 회복하기도 하심에 감사하다.

하나님은 빈 그물뿐인 인생, 찢어진 그물로 늘 허기진 영혼 들을 찾으신다. 막막한 인생의 호숫가에 나와 울고 있는 영혼들을 찾으신다. 그 영혼들을 주님께 인도할 수 있는 가교 역할을 나에게 맡기셨다고 생각하기에 오늘도 여전히 나의 십자가를 지고 영혼들이 있는 호숫가로 간다.

🕎 153 호숫가, 복음이 전해지는 낚시터

153패밀리는 현재 진행중이다. 단일 매장을 운영할 때는 소위 대박도 경험하게 하셨고 온갖 사회적 이슈와 어려움 가운데에서 기사회생하게 하셨다. 장칼국수를 중심으로 다양한 메뉴를 개발하여 전국적인 프랜차이즈 가맹점을 가진 사업체로 성장하게 하셨고 이제는 제조업과 해외 수출을 겸하는 비즈니스 업체로 세우셨다.

고객선호브랜드 지수 1위 연속 수상이라는 기록을 통해 한국인의 입맛을 공략했다는 평가를 받기도 했고 태국을 비롯하여 미국, 호주에 장칼 제품이 수출되는 등 해외시장도 개척하며 K-누들로서 열심히 자리매김해 나가고 있다.

이것이 하나님이 허락하신 153패밀리의 긍정적인 이력이고 저력이다. 물론 헤쳐 나가야 할 문제는 더 많다. 하지만 고민되는 부분을 들여다보며 방법을 쫓아가던 때와는 달리 앞으로는 사명에만 집중하려고 한다. 모든 반대를 무릅쓰고 '하나님이 이끄시는 기업 153패밀리'라는 정체성을 갖게 하신 결과다.

초심으로 돌아가 장칼국수라는 메뉴를 새롭게 브랜드화하며 런칭한 이유를 생각해 보면 주님의 세밀하신 계획을 엿볼 수 있다.

처음에 장칼국수에 대해 갖는 마음은 명료했다. 앞으로 요식업은 단순히 배고픔을 해결하는 차원에서 벗어나 소울푸드를 제공해 소비자의 마음을 잡아야 한다는 마인드로 접근했다. 장칼국수에 담긴 1차적인 소울(soul)은 가족이다.

시골에서 장칼국수는 어느 집에나 있는 고추장을 육수 베이스로 하여 집에 있는 재료를 넣고 한소끔 끓여 가족 모두가 함께 먹는 '집밥'이다. 온 식구가 둘러앉아 뜨거운 입김을 불어넣으며 정을 나누는 자리를 만드는 음식이기에 가족을 빼놓고 생각하기 어렵다. 특히 고추장을 풀어 육수를 만든다는 데에는 특별한 의미가 있다. '푼다'는 단어엔 응어리를 푼다는 의미가 담겨 있는데, 마음속 응어리를 풀고 가족 간의 복잡하고 엉킨 관계를 올바르게 정리한다는 의미도 있다. 그래서 장칼국수의 조리 과정엔 마음을 달래고 푸는 가족의 치유 과정이 담겨 있다.

실제로 한 장칼 매장은 가정법원 곁에 위치해 '응어리진 마음을 달래 주는 국수'라는 카피를 쓰기도 했는데, 비록 국수 한 그릇이지만 상처 받은 이들의 마음을 위로해 주고자 하는 바람이 우리가 음식에 담은 마음이었고 그 마음은 손님들에게 잘 전달되었다.

장칼이 이러한 정신을 담고 있는 만큼 가족이 모이는 외식매장이 되기 바랐고 이를 위한 전략은 전 세대 가족 구성원을 공략하는 것이었다. 기존의 장칼국수는 올드한 음식이라는 이미지가 있었지만 앞으로 식문화를 주도하는 이들은 MZ세대이다. 그래서 브랜드명도 장칼로 바꾸어 친근감을 형성하고 메뉴 개발을 통해 변해 가는 입맛을 겨냥하는 동시에 한국인의 감성이라는 기본은 지켰다. 어른 세대는 음식을 통해 과거를 추억할 수 있고 젊은 세대는 소울푸드의 감성을 느끼며 가족애를 경험하는, 전 세대가 모일 수 있는 식당을 꿈꾸었다. 뜨끈한 장칼국수를 먹으며 '그때 그랬지'를 기억하고, 예쁘게 꾸며진 장칼국수 한 그릇을 사진에 담아 내며 '가족과 함께 먹었다'고 SNS에 올리고, 엄마 손을 붙잡고 '국수 먹으러 가자' 조를 수 있는, 아이들이 사랑하는 장칼 매장을 꿈꾸었고 어느 정도 가까워졌다고 생각한다.

그런데 10년의 시간이 흐른 지금, 주님은 장칼에 대한 생각을 바꾸고 계신다. 비즈니스 마인드를 갖고 사업으로 접근하는 방식은 같지만, 장칼국수가 소울푸드로서 자리매김하는 것을 넘어 153패밀리라는 사업장이 영혼을 낚는 호숫가로 쓰임 받기 원한다.

매장 하나만 성공해도 충분히 먹고살 수 있었는데 굳이 프랜차이즈 사업으로 확장시키셨고, 어려운 재정에도 불구하고 제조업을 시작하게 하셨으며 해외로 지경을 넓히시는 등의 일련의 과정은 개인적인 야망도, 계획도 아니었다. 솔직히 고백하자면 단일 매장을 통해 대박이 난 이후 사업을 확장하는 과정에서 한 번도 풍성함을 누리지 못했다. 단 하루도 맘 편히 쉰 기억 없이 늘 분주하게 살아왔다. 언제나 간당간당하고 조마조마한 현실 위를 걸어 왔다.

몇 번이나 그만두고 싶은 이 상황 속에서도 하나님은 왜 이토록 판을 벌이셨을까. 그분만의 뜻과 계획이 아니고서는 설명할 수 없다. 아마도 위태로운 상황 속에서 주님만을 바라보고 붙들고 살도록 우선 나를 단련시키셨고, 연단의 과정 속에서 경험하고 깨닫게 하신 은혜를 호숫가에 그물을 던지는 이들에게 흘려보내도록 하시려는 게 아닐까 싶다. 사업을 통해 철저히 하나님을 경험했고 철저히 은혜와 기적을 체험한 내게 바울과 같이 증인이 되는 삶을 살도록 하시기 위함 같다.

153패밀리는 더 넓은 비즈니스로 나아가고 있다. 중요한 것은 기업이 지닌 정체성, 우리에게 주신 사명이 흐려지지 않도록 중심을 지켜 나가는 일일 것이다. 그렇기에 더욱 비즈니스 현장에서 언제나 하늘나라 증인이 되길 자처한다.

장칼 사업을 통해 주님은 음식과 함께 복음을 드러내게 하셨음을 확신한다. 배고픈 상황에서 따뜻한 밥상을 차려 주시는 주님을 전하기 원한다. 음식 한 그릇을 만들 때도 하나님의 일을 하듯 하고 누구를 만나든지 그들에게 복음을 흘려보낸다. 파도에 몸을 싣듯 세대를 잇는 음식에 복음을 싣는다면 그것 또한 나에게 주신 사명을 다하는 일일 테니 말이다.

이를 위해 크고 작은 변화를 시도하고 있다. 기업 전면에 하나님을 내세우고 사업으로 만나는 이들과 신앙적인 이야기를 나누기를 주저하지 않는다. 세상과 신앙의 양다리를 걸치는 불편함을 포기하고 하나님만 바라보니 홀가분해졌다. 세상에서 걸치던 것을 버리니 드릴 게 몸밖에 없어 나를 드리겠다고 선포한다.

그와 함께 하나님이 이끄시는 기업 153패밀리라는 이름에 걸맞은 회사가 되기 위해 결단했다. 대표가 크리스천이라는 사실을 계속 밝혀 왔지만 이제는 직접 하나님을 말하고 하나님이 하시는 일을 전하고 있다. 153패밀리가 숱한 어려운 과정을 뚫고 지금에 이른 기적같은 과정이 있기에 증거는 충분하다. 다만 그동안은 직원들이 스스로 느끼고 변화되기를 바랐다면 이제는 같은 곳을 바라보고 함께 가자고 권하고 있다. 기적은 시작됐고 문이 열렸으니 그것을 현실로 만들기 위해 주님께 계속 의지하고 행함이 있는 믿음으로 함께하자고 전한다. 지금까지 뒤에서 했던 기도도 과감히 전면에 내세웠다.

직원들이 반발할 수도, 이탈할 수도 있지만 더 이상 그 부분을 두려워하지 않기로 했다. 오히려 영혼을 깊이 바라볼 수 있는 영성을 구하게 된다. 풍성함이 아닌 절박함 속에서 일하시는 주님을 날마다 경험할 수 있기를 구한다. 이제야 비로소 나는 하나님이 허락하신 것을 관리하는 청지기일 뿐이라는 생각이 들기에 재정 앞에서도, 사람 앞에서도, 세상과 기독교의 기준의 차이 앞에서도 자유롭다.

외식 창업 관련 강의를 비롯한 멘토링을 해 오던 내게 얼마 전 기독교 청년이 창업 멘토링을 받으러 왔다. 예전 같았으면 비즈니스 측면에서 시장을 바라보는 눈과 마케팅 전략, 기법 등을 전했을 테지만 이야기를 나누면서 그가 신앙인임을 알게 되자 자연스럽게 신앙 관련 이야기로 흘러갔다. 153패밀리가 지금에 이른 과정이 주님의 개입과 은혜의 흔적이라고 말하며 우리가 나아갈 방향에 대해 확고히 전하자 청년이 말했다.

"그간 장사를 해 왔지만 복음의 기업으로 확 뛰어들지 못해 괴로웠는데 대표님은 좋은 본을 보여 주시는 것 같습니다. 세상과 신앙 사이에서 양다리 걸치지 않고 확실히 복음의 길로 걷도록 도움을 주셨습니다."

그 청년 창업가가 확실히 복음의 기업을 세워 나가길 바란다. 앞으로도 153패밀리가 복음의 호숫가가 되어 사람을 낚는 기업이 되는 데 사용되었으면 한다.

기적처럼 얻은 파주 153패밀리 사옥은 앞으로 프랜차이즈 가맹점을 몇 배 더 개설할 수 있는 시설과 인력을 갖추고 있다. 현실에 비하면 너무 과하게 준비한다는 말도 들려오지만 웬일인지 이곳이 노아의 방주가 되어 복음의 은혜를 흘려보내는 장칼 매장이 한국을 넘어 세계 곳곳에 세워질 것을 꿈꾼다.

아내와 둘이 만두 공장을 인수해 눈물 뿌리며 공장을 운영하면서도 자투리 땅에 창고를 지었다. 당장 그 공간이 왜 필요하냐고 핀잔을 받기도 했지만 얼마 지나지 않아 그 창고가 있었기에 제품을 제조하는 일에 매우 유용하게 사용했고 그러한 노하우가 쌓여 지금을 준비할 수 있었다. 주님의 예비하심은 이처럼 세밀하고 섬세하다. 그렇기에 뭔가를 시작하고 준비하게 하실 때 무조건 순종하고 기대하게 된다. 물론 몸으로 때울 수 있는 부분은 무조건 몸으로, 그러나 재정을 써야 할 때는 과감히 쓰는 분별력도 주신 것 같아 감사하다.

153패밀리는 이익을 추구하는 것을 넘어 사람을 살리는 기업으로서 존재 가치를 분명히 한다. 허기진 내 인생에 따뜻한 상을 베푸신 주님의 은혜를, 사업을 통해 허기진 이들에게 흘려보내고자 한다. 그러니 이익보다는 사람이 먼저요, 이윤을 추구하기보다 누군가를 먹이는 기업이 되려고 한다.

또한 153패밀리라는 이름처럼 공동의 가치, 공동체의 가치를 지향한다. 약자를 보호하고 배고픈 자를 먹이며 힘든 인생을 위로하며 함께 나누는 기업으로 나아가려 한다. 이것이 주님이 내게 주신 사명이라는 믿음이 있기에 우리 회사는 하나님이 주인 되셔서 이끄시며 복음을 전하는 기업이라 당당히 외친다. 이러한 매임이 자유롭고 자유롭다. 일터가 곧 선교의 터전이라는 믿음으로 나는 오늘도 내가 만나는 사람들을 통해 주님의 일하심을 기대하며 나아간다.

풍성한 복음밥상을 차리다

화려한 식탁도 아니고, 좋은 반찬이 있는 것도 아니었지만 어머니가 밥상을 들고 들어오면 그렇게 기분이 좋았다. 밥과 국만 있는 소박한 밥상이었지만 어머니가 차려 주신 밥상은 그 자체가 사랑이고 위안이고 평안이고 풍성함이었다.

예수님을 알고 만나고 함께하는 시간들을 지나며 나는 매일 주님이 차려 주신 밥상을 받고 있다. 어떤 땐 기쁨과 감격에 겨워 밥상을 받기도 하지만 어떤 때는 숟가락 들 힘도 없이 무기력한 마음을 안고 밥상을 받기도 한다. 또 어떤 때는 희망에 부풀어 밥상 앞에 앉지만 어떤 땐 한없이 절망스러운 마음으로 밥상 앞에 앉는다. 한결같은 밥상 앞에서 나는 늘 이랬다저랬다 한다. 그런데도 먹고 나면 늘 풍성함이 차오른다. 그러니 이 밥상을 거부할 수 없다. 게다가 매일 이 밥상을 받을 수 있다는 사실은 최고의 행운이요 축복이다.

'장칼할배복음밥상', 얼마 전 새로 시작한 유튜브 채널 이름이다. 이미 '장칼할배'라는 채널을 운영하고 있지만 새롭게 채널을 만든 건 153패밀리를 통해 주신 복음의 사명을 대놓고 전하기 위해서다. 이 채널을 통해 나를 비롯한 허기진 인생들에게 복음의 밥상을 차려 주고 계시는 주님을 전하고 싶다. 언제든, 어떠한 모습으로든 먹고 마시고 쉴 수 있는 복음의 식당으로 허기진 영혼들이 모여들기를 바란다. 한 걸음 더 나아가, 식당에서 함께 머물면서 허기진 사람들에게 진짜 허기를 채워 주는 복음밥상을 차려 낼 수 있으면 좋겠다.

나는 세상의 나이로는 쉰, 하나님의 자녀로 살아간 지 열일곱째 해를 보내고 있다. 오늘도 주님이 주인으로 계시는 식당으로 출근한다. 여전히 좌충우돌이지만 여전히 상을 베푸시는 좋으신 주님께서 또 어떤 복음의 밥상을 차리자고 하실지 기대가 된다. 또한 이 일에 어떤 이들이 동참할지 기대된다.